Ad

de lo absurdo

Administración de lo absurdo

Las paradojas del liderazgo

Richard Farson

TRADUCCIÓN:

Ma. del Pilar Carril
Traductora profesional

PRENTICE HALL HISPANOAMERICANA, S.A.

MÉXICO - NUEVA YORK - BOGOTÁ - LONDRES - SYDNEY
PARÍS - MUNICH - TORONTO - NUEVA DELHI - TOKIO - SINGAPUR
RÍO DE JANEIRO - ZURICH

EDICIÓN EN ESPAÑOL:

DIRECTOR GENERAL: MOISÉS PÉREZ ZAVALA
GERENTE DIVISIÓN COMPUTACIÓN Y NEGOCIOS: FRANCISCO J. DELGADO RODRÍGUEZ
GERENTE EDITORIAL: MARICELA VILLAGÓMEZ ESTRADA
EDITOR DIVISIÓN NEGOCIOS: CRISTINA TAPIA MONTES DE OCA
GERENTE DE IMPRESIÓN: ALBERTO SIERRA OCHOA
GERENTE DE EDICIONES: JUAN ANTONIO RODRÍGUEZ MORENO
SUPERVISOR DE DE TRADUCCIÓN: JOSÉ LÓPEZ ANDRADE
SUPERVISOR DE PRODUCCIÓN: JOSÉ D. HERNÁNDEZ GARDUÑO

ADMINISTRACIÓN DE LO ABSURDO

Traducido del inglés de la obra: **Management of the absurd**

Spanish language edition published by
Prentice Hall Hispanoamericana, S.A.
Copyright © 1997

Traducción autorizada de la edición en inglés publicada por: Simon & Schuster Inc.
Copyright © 1996 by Richard Farson

Edición en español publicada por:
Prentice-Hall Hispanoamericana, S.A.
Derechos Reservados © 1997

Enrique Jacob 20, Col. El Conde
53500 Naucalpan de Juárez, Edo. de México

ISBN 968-880-866-0

Miembro de la Cámara Nacional de la Industria Editorial, Reg. Núm. 1524
Original English Language Edition Published by Simon & Schuster Inc.
Copyright © 1995
All rights reserved

ISBN 0-684-80080-2

☐
MAY

IMPRESORA ROMA
TOMAS VAZQUEZ No. 152
COL. A. MODERNA C.P. 08220
MEXICO, D.F.

2000   1997
☐   ☐

Impreso en México / Printed in Mexico

CONTENIDO

Prefacio

EL LIBRO TAN PROVOCATIVO que tiene en sus manos fue escrito por un hombre extraordinario. Richard Farson ha sido mi amigo durante muchos años, y su forma de pensar es tan poco común que tal vez quiera conocer un poco acerca de él antes de empezar. Es alto, distinguido, tiene el cabello canoso y siempre está listo para reír. Todas las personas que conozco lo aman. Es uno de los hombres más cálidos, bondadosos y fascinantes que he conocido.

Al mismo tiempo, su manera inusual de pensar provoca, en ocasiones, problemas a los demás. Dick cultivó sus ideas a lo largo de muchas décadas mientras trabajaba en una amplia variedad de empleos: académico, psicólogo, oficial de la marina, decano universitario, director general y asesor en administración. Y, en el proceso, hace mucho aceptó tranquilamente la idea de que tal vez la gente reciba sus puntos de vista contraintuitivos con una mezcla de ira e incredulidad.

Lo observé dictar conferencias que produjeron una combinación extraordinaria de sentimientos en el público. Dick es tan amante de la gente y tan genuinamente humano que es muy agradable: es la personificación de su propia filosofía. Sin embargo, su mensaje hace que la gente se incomode.

En su manera fácil y anecdótica, destaca la inevitabilidad de los resultados no esperados, las consecuencias paradójicas y las realidades no susceptibles de conocimiento en las cuestiones humanas. En el fondo, su mensaje es humano y cálido, pero para cualquier grupo que crea en alguna variante de la idea que el conocimiento es poder, las tesis de Dick resultan difíciles de entender e incluso exasperantes. Muchos tardan en calmarse lo suficiente como para siquiera tenerlas en cuenta.

He luchado contra algunas de sus ideas durante años. Una vez me dijo que sentía que las personas no aprendían de sus errores, sólo de sus éxitos. De manera instintiva, no estuve de acuerdo con él, pero entonces ya lo conocía lo suficiente como para darme cuenta de que tal vez me estaba metiendo en terreno peligroso. Le di vueltas a esa idea durante mucho tiempo; analicé mi propio comportamiento y el de los grupos en los que participaba. Finalmente, llegué a la conclusión de que Farson tenía razón respecto a la conducta de los grupos, pero no necesariamente en relación con los individuos, al menos no en lo que a mí respecta. Es mucho más probable que yo lleve a cabo un cambio radical después de un fracaso personal, pero no haré ninguno después de un éxito. Y en cuanto al fracaso del grupo, la responsabilidad se dispersa tanto, la razón es tan incierta, que nunca siento ninguna necesidad de cambiar.

A principios de este año, después de una reunión de trabajo particularmente inquietante y dolorosa y que juzgué como un fracaso, fui a caminar a la playa para planear las medidas que tomaría para que esto no volviera a ocurrir. Mientras reflexionaba, me di cuenta de que mi plan representaba un gran cambio en la forma en que había operado. Pero el fracaso me había dado la energía necesaria para realizar el cambio que, probablemente, hacía mucho tiempo que debí haber llevado a la práctica. Al final, casi grité: "¡Dick, estás equivocado!"

Si me hubiera oído, estoy seguro de que él simplemente se habría reído y esperaría a que yo lo pensara con más detenimiento. Y, sin duda alguna, es un tributo al poder de su forma de ver las cosas, esa sensación irritante y molesta de que tal vez, después de todo, tenga razón. Y es por eso que siempre considero sus ideas durante tanto tiempo.

Al leer su nuevo libro, a menudo me encontré pensando: "¡No, no, no!" O, en ocasiones: "¡Oh, vamos!" Me irritó. Me provocó. Me hizo asentir y me hizo sonreír. También me hizo mover la cabeza en actitud de desaprobación. En este libro, Richard Farson nos aporta más que experiencia; nos da algo que yo llamaría sabiduría. Ahora usted también tendrá la oportunidad de sentirse estimulado, intrigado, divertido y también exasperado.

Michael Crichton

Introducción

Sea partidario de la paradoja y lo absurdo

Existe sólo una verdad, categórica, curativa, beneficiosa, y ésta es lo absurdo.

ANDREW SALMON

A todos nos gusta pensar que los asuntos de los seres humanos son esencialmente racionales, que operan como lo demás en nuestro mundo y que, por lo tanto, deberíamos ser capaces de manejarlos. La cantidad de experiencia que no sustenta esta idea jamás nos desconcierta. No es de extrañar, entonces, que requiera algo de esfuerzo aceptar las ideas que se presentan en este libro: que la vida es absurda, que las cuestiones humanas generalmente no funcionan de manera racional, sino paradójica, y que (afortunadamente) nunca podremos dominar por completo nuestra relación con los demás.

Esto es cierto, sin lugar a duda, con respecto a nuestras relaciones en organizaciones de negocios y burocráticas. Confío en alentar a los administradores y a todos aquellos que se encuentran en posiciones de liderazgo a pensar más allá de la sabiduría convencional, en particular, a comprender cómo la forma en que pensamos moldea lo que vemos, y cómo lo paradójico y absurdo forma parte, inevitablemente, de cada una de nuestras acciones.

Desde luego, mi inspiración proviene de ese grupo de dramaturgos de la época posterior a la Segunda Guerra Mundial: Pinter, Ionesco,

Genet, Beckett y otros, que cuestionaron los supuestos del teatro tradicional, al que criticaron por simplificar y racionalizar en exceso los asuntos humanos. Sintieron que sólo reconociendo el misterio y lo absurdo de la vida se tomaba en cuenta la dignidad del ser humano. Colectivamente, su obra llegó a conocerse como el "Teatro de lo absurdo", y constituyó un momento importante en la historia del arte dramático. Creo que, en la actualidad, necesitamos dicho momento en lo que toca al arte de la administración.

La dirección errónea

Examinar lo absurdo no es sólo un ejercicio divertido. Creo que muchos programas actuales de capacitación administrativa nos llevan en la dirección errónea debido a que no valoran la complejidad y naturaleza paradójica de las organizaciones humanas. El pensamiento se pierde en las recetas y técnicas sobre "cómo hacerlo", por no mencionar eslogans y sermones, como principales guías administrativas. Entiendo esa atracción. Considerando la dificultad de las tareas que se les presentan, no resulta sorprendente que los administradores estén ansiosos y listos para aceptar cualquier definición de administración que haga parecer que ésta es susceptible de aprenderse.

En efecto, ¿qué hay de malo en ello? ¿Por qué no dejar que los administradores se contenten con sus trillados y familiares conocimientos? Como veremos, existe una desventaja considerable. Hacerles creer a los administradores que es posible descargar adecuadamente sus responsabilidades mediante la asistencia a seminarios y observando fórmulas simplistas provoca exactamente lo contrario al efecto buscado. Cuando dichas fórmulas fallan, los administradores se sienten frustrados, se comportan con hostilidad y, algunas veces, hasta insultan.

Aun así, los administradores van de un programa de capacitación de moda a otro, a medida que sus organizaciones siguen dejándose llevar por las nuevas tendencias, nuevas definiciones de administración, nuevas frases que motivan. Hace años, hablamos acerca del "liderazgo", después la palabra clave fue "moral", más tarde fue "motivación", luego "comunicación", después "cultura", luego "calidad", "excelencia", "caos", para luego volver a "liderazgo". A lo largo del camino nos sacudieron palabras de moda como "cero defectos", "administración por objetivos", "círculos de calidad", "administración de la calidad total (TQM)", "giro paradigmático" y "reingeniería."

El administrador confuso, en medio del remolino entre tendencia y tendencia, no se convertirá en un líder eficaz mientras continúe creyendo en técnicas simplistas. Pero un administrador que sea capaz de apreciar los absurdos y las paradojas de las relaciones y organizaciones de negocios con toda seguridad será mucho menos vulnerable a la moda y, por lo tanto, más fuerte como líder.

Debo observar que utilizo los términos *administrador* y *líder* casi de manera indistinta, aun cuando sé que es posible hacer diferencias importantes entre ellos. Personalmente me agrada aquella que el teórico organizacional Warren Bennis hace: los administradores hacen las cosas bien, los líderes hacen bien las cosas.

Algunas definiciones

Las paradojas son absurdos aparentes. Y es una inclinación natural, al confrontar estas paradojas, intentar resolverlas, crear algo familiar de lo que nos resulta extraño, racionalizarlas. Sin embargo, en este libro vamos a resistirnos a esa tentación y, por el contrario, dejaremos que nos invadan por un tiempo, para ver si somos capaces de sentirnos cómodos al utilizar una clase de lógica paradójica para entender la administración y los asuntos humanos.

Las paradojas en las páginas siguientes se expresan deliberadamente de manera declarativa, con el pleno conocimiento de que requieren clarificación y calificación. Tienen el propósito de desafiar las formas tradicionales de pensar y presentan opciones a los puntos de vista convencionales que han constituido las ideas de los escritos sobre la administración durante muchos años. Todas poseen lo que considero un elemento de lo absurdo y todas nos piden que reinvirtamos nuestro pensamiento. Considérelas como un ejercicio para la mente.

Suponga, por ejemplo, que yo planteara esta pregunta: "Si se le pidiera predecir cuál de los sectores de nuestra sociedad es más factible que lleve a cabo un esfuerzo de liberación para terminar con su opresión, ¿tendría usted mejores probabilidades de éxito si elige el grupo por el que siente más lástima, o aquel por el que menos se siente afectado?"

Si empleara el enfoque no convencional y paradójico, elegiría el grupo por el que siente menos compasión. Los movimientos de liberación, por lo general, surgen de grupos que, en ese momento, se consideran como perfectamente satisfechos. Es por ello que a menudo toman a la sociedad por sorpresa. En Estados Unidos, las generaciones anteriores, por ejemplo, consideraban, complacientemente, que los negros estaban felices en su lugar. Se pensaba que las mujeres, antes de los años 60, se encontraban en un pedestal, que los hombres las adoraban y mantenían. En la actualidad, a pesar de los esfuerzos de los defensores de los niños para llamar la atención a lo que, con frecuencia, son condiciones de opresión de la niñez, los niños continúan siendo, en la mente del público, un sector despreocupado, plenamente protegido y lleno de alegría en su inocencia.

Siguiente pregunta: ¿de dónde es más probable que surja el liderazgo de estos movimientos: de aquellos más oprimidos por las condiciones, o de los que están menos oprimidos?

Si usted contestó que de los menos oprimidos, empieza a captar la idea. Los líderes provienen de fuera o de los márgenes de esos grupos, rara vez surgen de los segmentos más oprimidos. Los afroestadounidenses recibieron más ayuda, en un principio, de los abolicionistas blancos. Gloria Steinem difícilmente es la mujer más oprimida en Estados Unidos. Los niños están representados casi en su totalidad por defensores adultos.

A medida que exploremos las paradojas de la administración, tenga presente que existe una diferencia entre lo absurdo y la estupidez. La estupidez es el comportamiento que se reconoce como erróneo, incompetente o ciego a los hechos. Se refiere a la insensibilidad, a no contar con todas las facultades. Con la administración estúpida, es sencillo que los demás se den cuenta de cómo hacerlo bien. Lo absurdo, por otro lado, surge de la naturaleza humana esencial de la situación. El comportamiento absurdo nos enerva. Parece irracional, incluso ridículo. No es lo que esperaríamos que hiciera una persona racional. Contradice nuestras formas tradicionales de pensar y, por lo general, nos confronta no con un problema, sino con un dilema. Aun los mejores de nosotros no están seguros de qué hacer.

La paradoja y el absurdo nos desequilibran. Al hacerlo, provocan la humildad, vitalidad y sorpresa creativa que hace que la vida sea digna de vivirse. Pero no es posible controlarlos. Siempre desafían el intento.

Creo que es perturbador ver ingresar el término *paradoja* en los escritos de administración en una forma que indica que "es susceptible de manejarse". Supongo que esperaríamos esto debido al sentido de omnipotencia que contamina a la administración estadounidense, la creencia de que ningún acontecimiento o situación resulta demasiado complejo o impredecible como para que la administración no sea capaz de controlarlo.

Pero, tal como Charles Handy señala en su libro *The Age of Paradox:* "La paradoja sólo puede 'manejarse' en el sentido de sobrellevarla, que es lo que *administración* siempre ha significado hasta que el término se robó para referirse a planeación y control." De este modo, la paradoja no es sólo otro factor organizacional que se trae al taller de los tecnócratas administrativos. Sería engañoso insinuar siquiera que es posible sobrellevarla de manera sistemática o racional. Nunca resultará así de cómoda. Por lo tanto, como sin duda discernirá en las páginas siguientes, la frase "administración de lo absurdo" constituye, en sí misma un absurdo.

EN BÚSQUEDA DE LO PARADÓJICO

Mi punto de vista contradictorio acerca de las relaciones humanas y mi interés en el pensamiento paradójico me han acompañado durante mucho tiempo y ya no estoy seguro de cuándo o dónde empezaron. Desde luego, me beneficié de haber trabajado muy estrechamente con el ya fallecido y distinguido psicólogo Carl Rogers, como su estudiante, asistente investigador y colega en la Universidad de Chicago y, con el tiempo, como presidente del Western Behavioral Sciences Institute, en donde realizó algunos de sus trabajos más importantes. A través de los años lo observé tomar posiciones que marcaban un contraste sorprendente con el pensamiento de la corriente principal de la época, las defendió con éxito y, a la larga, vio cómo se incorporaron a la corriente principal, tan completamente que la mayoría de la gente ni siquiera sabe de dónde provinieron esas ideas. Se le ha reconocido como el psicólogo de mayor influencia en Estados Unidos y, sin duda, constituyó un ejemplo de cómo pensar por sí mismo, cuestionando las creencias populares.

Mi amistad de mucho tiempo con Alex Bavelas, un psicólogo social excepcionalmente creativo, que ha hecho importantes contribuciones para comprender cómo funcionan las organizaciones, me ayudó, sin duda, en mi búsqueda de lo paradójico. Yo era un miembro de menor jerarquía de la facultad de relaciones humanas en la Harvard Business School (entonces él era profesor en el cercano MIT) cuando me topé por primera vez cara a cara con él y tuve oportunidad de conocer su extraordinaria capacidad de ver de una manera totalmente nueva las ideas, a menudo revirtiéndolas, para iluminar las paradojas.

Hubo otras influencias. Trabajé en universidades, institutos de investigación y, como oficial de la marina, estudié liderazgo y conducta organizacional. Asesoré a grupos empresariales, agencias gubernamentales y organizaciones no lucrativas. Pero, probablemente, la más importante contribución a mi pensamiento ha sido la experiencia de más de treinta años a la cabeza de diversas empresas. Ser a la vez psicólogo y director general me permitió apreciar especialmente las paradojas y absurdos de las organizaciones y me ha permitido comprender cómo nada funciona exactamente de la forma en que nos han enseñado.

Honestamente, podría haber titulado este libro *Lo que quisiera haber conocido hace cuarenta años*. Se trata de un libro de ideas, observaciones y lecciones aprendidas, no de un libro de técnicas de administración. Está pensado, en primer término, para ahondar en la naturaleza del pensamiento paradójico y, después, para examinar las paradojas particulares que todos encontramos en las relaciones y organizaciones humanas. A lo largo del camino, destacaré aquellas cualidades del liderazgo efectivo a las que a menudo no se les da el reconocimiento debido.

Estos capítulos no deben necesariamente leerse en secuencia, sino que es posible seguir el orden que le atraiga. Confío en que traerán recuerdos familiares dentro de la propia experiencia del lector y que, al hacerlo, lo conduzcan al cultivo de una forma más realista de evaluar las situaciones, a una aproximación más plenamente integrada para manejarse a sí mismos y a los demás, a un estilo de liderazgo más potente y genuino, así como a una capacidad mejorada de contribuir al éxito de las organizaciones en cualquier nivel administrativo en el que se desempeñen.

Sé, por haber hablado con cientos de administradores, que las ideas en este libro quizá resulten perturbadoras al principio. Pero también sé que después de que ellos lleven a conocerlas más, es posible que no sólo las adopten, sino que también se sientan cómodos con ellas. Después de todo, la belleza del pensamiento paradójico en la administración es su intemporalidad. Muchas ideas vienen y van con regularidad desalentadora en los textos de administración y los programas de capacitación para ejecutivos. Pero la paradoja y lo absurdo estarán con nosotros mientras que, como humanos, nos congreguemos en organizaciones.

PARTE UNO

Una manera diferente de pensar

1

Lo opuesto a una verdad profunda también es verdadero

LOS GRANDES LOGROS en la ciencia, leyes, gobierno y en toda búsqueda intelectual dependen de nuestro progreso como pensadores racionales y lógicos.

Pero este tipo de pensamiento también nos limita. Sin darnos cuenta, nos hemos convertido en criaturas de lógica lineal y categórica. Las cosas son buenas o malas, verdaderas o falsas, pero no ambas al mismo tiempo. Nos han enseñado que algo no puede ser lo que es y también su opuesto. Sin embargo, parece sensato responder, al vernos frente a un conflicto: "Bueno, sí y no." O: "Ambas soluciones." Todos hemos escuchado afirmaciones que admiten la coexistencia de los opuestos: menos es más. Vivir es morir. Odiar es amar. Aunque parezca ilógico, no hay nada relacionado de manera tan estrecha como los opuestos.

IR EN AMBAS DIRECCIONES

¿Qué valor práctico se infiere de esa idea? En un nivel superficial, pongamos por ejemplo el auge de la preparación de alimentos congelados que condujo a una racha de predicciones acerca del crecimiento del mercado de la comida rápida; las proyecciones, sin duda, resultaron ser correctas. Lo que no se previó, sin embargo, fue la popularidad de los recetarios para los que gustan de comer bien, que hacen hincapié en utilizar ingredientes frescos, productos cultivados orgánicamente, preparación saludable y un nuevo respeto por los *chefs*. El procesamiento de los alimentos congelados hizo posible el florecimiento de la comida rápida, pero junto con éste vino su opuesto.

Se ha visto la coexistencia de los opuestos en el campo administrativo con la introducción de enfoques participativos diseñados para democratizar el lugar de trabajo. Estos enfoques, a menudo, promueven efectivamente la participación de los empleados. Pero también es verdad que la jerarquía y autoridad permanecen muy en su lugar, tal vez más fuertes que nunca. Eso se debe a que los ejecutivos, si bien conceden algún grado de autoridad a la fuerza laboral, jamás pierden nada de su propia autoridad. Otorgar poder no es como dar un pedazo de pastel, en donde se pierde lo que se da. Se parece más a lo que sucede cuando se da información a alguien. Aunque es posible que el que la reciba sepa más, uno no sabe menos.

Engaños prácticos

Otra coexistencia de opuestos: para ser próspera, una empresa necesita tener una comunicación plena y precisa entre todos sus integrantes. Pero también, para ser próspera, necesita distorsión y engaño. Si estas palabras suenan demasiado fuertes, piense en los términos que se utilizan comúnmente, tales como *diplomacia* y *tacto,* que implican algo menos que comunicación abierta y sin trabas.

Así como la profesión de la medicina o la conducción de un romance requieren de mística, es decir, alentar las creencias acerca de uno mismo, que tal vez no sean muy precisas, pero que hacen que los demás piensen positivamente acerca de nosotros, también la necesitan el liderazgo y la administración. Algunos, por ejemplo, sostienen que una función de los administradores medios es manipular o filtrar la información, tanto hacia los niveles superiores como inferiores. Se dice que dicha "distorsión" o "engaño" sirve a dos propósitos prácticos.

En primer lugar, se hace creer a los trabajadores que sus líderes son personas seguras de sí mismas, justas y capaces, lo que reafirma los mitos obligatorios del liderazgo. En segundo término, puesto que seguramente los líderes en los niveles superiores se alterarían si se enteran de todo lo que sucede en la compañía, se les protege para evitar que tengan que molestarse con problemas insignificantes o fallas menores de la fuerza laboral.

En los asuntos humanos, cierta forma de engaño constituye la regla, no la excepción. En muchos casos no debe considerarse como una mentira, puesto que ese término no toma en consideración la complejidad de la comunicación humana y las múltiples maneras en que la gente debe maniobrar para mantener relaciones estables. Saber apreciar la coexistencia de los opuestos nos ayuda a entender que, aunque parezca paradójico, la honestidad y el engaño funcionan juntos.

Impulsos contradictorios

Cierto ejecutivo constituye un ejemplo clásico del hombre que desea alcanzar el éxito, pero que, al mismo tiempo, parece querer fracasar. Todo lo que hace conlleva ambos mensajes. Desde el mismo instante en que se ofrece con entusiasmo como voluntario para encabezar un proyecto, actúa de tal manera que parece que lo estuviera saboteando: se rehúsa a delegar, socava el trabajo de los comités, no cumple con las fechas límite y se estanca en las decisiones cruciales.

Su comportamiento no es tan extraño como parece. Los impulsos contradictorios para alcanzar el éxito y fracasar se encuentran en todos los proyectos, equipos de trabajo e, incluso, en todos los individuos. Cada decisión administrativa, oferta de trabajo o nueva solicitud parecerá tan atrayente como desalentadora. Cada trato es bueno y malo a la vez. Por eso el liderazgo es, esencialmente, la administración de los dilemas, el motivo por el que la tolerancia para la ambigüedad –cómo hacer frente a las contradicciones– es fundamental para los líderes, y por qué el saber apreciar la coexistencia de los opuestos es crucial para el desarrollo de una nueva forma de pensamiento.

Como uno

Existe aun otro giro en esta paradoja que siempre me ha parecido fascinante: que los opuestos no sólo coexisten, sino que incluso *se refuerzan* mutuamente. Tomemos como ejemplo el placer y el dolor. Rascarse cuando uno tiene comezón produce ambas sensaciones. No placer y después dolor, o primero el dolor y luego el placer, sino ambos a la vez. De acuerdo, rascarse demasiado quizá llegue a ser muy doloroso y no produzca ningún placer, pero existe un momento en que coexisten, cuando son como uno solo. Al igual que la verdad y la mentira, el bien o el mal.

2

Nada resulta tan invisible como lo obvio

Los descubrimientos más importantes, las más grandes obras de arte y las mejores decisiones administrativas son el resultado de una visión nueva de lo que la gente da por un hecho o no es capaz de ver, precisamente porque resulta demasiado evidente. Denomino a esto lo "obvio invisible". Considere estos ejemplos:

• James Watt inició la revolución industrial con la sencilla observación de la energía del vapor que escapaba de la tetera. Esto condujo a la invención de la máquina de vapor. Pero para millones de personas que habían visto el mismo fenómeno doméstico, esa posible nueva fuente de energía era invisible.

• Los investigadores habían observado desde hacía mucho tiempo que el moho *penicillium* inhibía la proliferación de las bacterias en un portaobjeto con agar. Pero se requirió que Alexander Fleming se diera cuenta de que el moho también era capaz de inhibir la proliferación de microorganismos en el cuerpo. Esa observación, por supuesto, condujo a la síntesis de los antibióticos.

• Desde sus comienzos, en el siglo XIX, y durante muchos años a partir de entonces, los automóviles se fabricaron uno por uno con equipos de artesanos que poseían múltiples habilidades y que eran responsables de la construcción de todo el vehículo. Henry Ford reconoció lo obvio invisible: que si se les asignaba una sola labor a los trabajadores y la desempeñaban repetidamente, se construirían auto-

25

móviles con mayor eficiencia. Ése fue el inicio de la línea de producción, de la producción en serie y de la nueva era industrial.

Ir a los orígenes

En los primeros años de la década de los 70, una cadena de tiendas de mercancías generales pidió al Western Behavioral Sciences Institute que ayudara a reducir los asaltos. Los robos a los establecimientos no ocurrían con mucha frecuencia, sólo alrededor de una vez al año en promedio, lo que representaba una pérdida típica de únicamente cien dólares. Pero la compañía no quería que sus empleados tuvieran temor y deseaba evitar el riesgo de una escalada de violencia.

Durante años, el Instituto había empleado a ex delincuentes (incluyendo a varios ex asaltantes que habían cometido robos a mano armada) como asistentes de investigación en diversos proyectos sobre la ciencia de la conducta, pues un día lo obvio se hizo visible: los ladrones sabían cómo robar, y se recurrió a estos ex delincuentes como el principal recurso para el estudio. Ellos explicaban por qué y cómo decidían robar una tienda y lo que pasaba por su mente durante el asalto. Además, ellos mismos entrevistaban a otros que se ganaban la vida robando tiendas de mercancías generales. Después de analizar los descubrimientos del Instituto, la compañía cambió los diseños de sus tiendas y muchas de sus prácticas, lo que redujo a la larga los asaltos en 40 por ciento. El estudio se convirtió en un clásico dentro de su campo.

Ahora los bancos y las compañías de computadoras contratan piratas informáticos para que les ayuden a perfeccionar sus sistemas de seguridad. Obvio, ¿verdad?

La búsqueda de la realidad

Lo obvio invisible es un factor muy importante para saber por qué la predicción de las tendencias futuras resulta difícil. Desde luego, dichas predicciones se fundamentan en gran medida en el conocimiento de las condiciones actuales. Pero éstas son generalmente invisibles, incluso para aquellos que pasan su vida estudiándolas.

En 1967, dos respetados futuristas, Herman Kahn y Anthony Wiener, publicaron un libro titulado *The Year 2000*. Se trata de una obra asombrosamente perspicaz, que predijo, por ejemplo, la aparición de Japón como una de las potencias mundiales, el resurgimiento de las religiones y el crecimiento de la industria del ejercicio. Pero en él no hay ninguna mención acerca de la energía, la contaminación, el medio ambiente, la ecología o los derechos de la mujer, todas cuestiones que en ese momento eran actuales e iban a adquirir gran notoriedad en la prensa pública el mismísimo año siguiente, 1968, sin necesidad de llegar tan lejos como el año 2000. Ahí estaba la realidad para ser vista, pero aun estos observadores perceptivos la pasaron por alto.

Recuerdo un caso en el que lo obvio invisible se hizo espectacularmente visible para mí. En 1966, varios años antes de que el movimiento feminista moderno fuera una realidad, asistí como expositor a una conferencia que había reunido a dos mil mujeres en Nueva York bajo el tema "*¿Quo Vadis* mujer actual?" Noté que todos los oradores junto a mí en el escenario eran hombres: el antropólogo Ashley Montagu, el economista Eli Ginsberg y el editor de *Ladies' Home Journal*, John Mack Carter. Se me ocurrió entonces que sería imposible imaginar esa situación a la inversa: una reunión de dos mil hombres bajo el tema "*¿Quo Vadis* hombre actual?", para escuchar a cuatro mujeres, por muy distinguidas que fueran, decirles a los hombres hacia dónde se dirigían. Este ejemplo extraordinario de las actitudes prevalecientes acerca de las mujeres me abrió los ojos. Los demás y yo habíamos estado ciegos ante lo que, en ese momento, era dolorosamente obvio.

Descubrir lo obvio constituye siempre un desafío. Los analistas que estudiaban las estrategias de disuasión para el ejército durante la Guerra Fría construyeron escenarios basados en expectativas frente a las que el enemigo respondería de manera racional. A la larga, alguien señaló lo que debía haber sido obvio: (1) que incluso un sistema de armas de pequeño calibre se convertiría en una fuerza poderosa para un lado si el otro suponía que iban a ser utilizadas; (2) que existía una probabilidad alta de que los líderes más irracionales, impulsivos y volubles contaran con sistemas de armas pequeñas, pero también era muy factible que hicieran uso de ellas; y (3) que mientras más grande fuera el tamaño del arsenal, mayores probabilidades habría de que el análisis racional rigiera su uso y, por lo tanto, tendría menos poder.

UN SERVICIO VALIOSO

Tal vez haya escuchado la anécdota del consejo que un niño dio a las autoridades que no podían liberar un camión extra grande atascado debajo de un puente de poca altura. El chico estudió la situación y después ofreció la sugerencia sensata (y obvia) de que bajaran el camión dejando escapar un poco de aire de los neumáticos. Como demostró el niño, a cualquiera le es posible hacer visible lo obvio invisible. A menudo constituye el servicio más valioso que se presta a una organización. Pero requiere una manera de pensar no tradicional. Las ideologías y valores culturales profundamente arraigados, ver con anteojeras, la percepción selectiva, la deferencia a la opinión de los demás son, todos ellos, enemigos de nuestros esfuerzos para darnos cuenta de lo que sucede en realidad. Y cuando lo obvio invisible se nos señala, con toda seguridad tendremos una de estas dos reacciones: ya sea que lo rechacemos o no lo tomemos en cuenta, o, lo que es más probable, diremos simplemente: "¡Claro!", pensando que sin duda debimos haberlo sabido todo el tiempo.

PARTE DOS

La "tecnología" de las relaciones humanas

3

Mientras más importante es una relación, menos interesa la técnica

ESTADOS UNIDOS ES una nación obsesionada por la tecnología. Se ha beneficiado de tantos avances tecnológicos que está dispuesta, incluso ansiosa, de aplicar la tecnología en todas las áreas de la vida, aun en las más personales, tales como el amor, el matrimonio y la paternidad. Cuando afirmo que se aplica la tecnología en esas áreas, quiero decir que se trata a las relaciones humanas cada vez más como si éstas requirieran habilidad y técnica. De este modo, resulta natural que se haya llegado a considerar esencialmente el trabajo de un administrador como la adquisición de técnicas a las que denominamos "de administración". Cientos de millones de dólares se gastan todos los años en enseñar dichas técnicas a los administradores.

Desde luego, muchas técnicas son necesarias para la administración. La adquisición de técnicas de planeación, organización y programación contribuye, sin duda, a mejorar el desempeño de los administradores. Es cuando se intenta aplicarlas al área que representa el mayor reto para la administración, es decir, las relaciones humanas, que las técnicas fallan. Esto se aplica cuando intentamos manejar a esas personas que significan mucho para nosotros: nuestros colegas más cercanos. En este sentido, las técnicas no ayudan.

Respuestas, pero sin método

Quizá se ilustre mejor esta paradoja con algunos ejemplos acerca de la paternidad. En cierto sentido, la paternidad es un caso especial de administración.

Hace algunos años, con el propósito de reunir material para un libro, hablé con varios adultos acerca de su infancia y cómo habían sido "educados". Una pregunta que les hice fue: "Al pensar de manera retrospectiva acerca de su niñez y la relación que tenía con sus padres, ¿recuerda alguna acción o acontecimiento específico que haya resultado significativo para su desarrollo?" Sus respuestas fueron encantadoras y a menudo divertidas, pero difícilmente se considerarían útiles para un nuevo papá o mamá que estuviera buscando consejos sobre la paternidad:

Mis padres fingían pelearse con trapos de cocina mojados.

Cuando me sentaba en las rodillas de mi papá, él fingía que me regañaba porque mi cabello le hacía cosquillas en la barba.

Nos encantaba cuando mamá nos hacía creer que era Drácula y nos asustaba.

Mi papá, vestido de traje y corbata, se sentaba en el suelo conmigo y comía unas papas horneadas y todas sucias que yo había preparado en el patio trasero.

Casi nos desternillamos de risa cuando papá se cayó en la fosa séptica y se hundió hasta las axilas, mientras jugaba con nosotros.

Cuando estaba aprendiendo a conducir, choqué contra el mismo automóvil tres veces, pero mi mamá se echó la culpa.

En realidad nos divertía mucho que nuestros padres caminaran como el monstruo tonto en el supermercado.

La característica más importante de estos recuerdos es que no representan nada susceptible de reconocerse como una técnica o habilidad para la crianza de los hijos. Jamás, en todas las entrevistas que hice, nadie mencionó un episodio extraído de algún manual de capacitación para padres. En general, hablaron de actos espontáneos que sus padres no habían llevado a cabo deliberadamente como algo que sería bueno para el desarrollo de sus hijos. En vez de eso, recordaron acciones tan espontáneas o accidentales, que en ocasiones infringían todas las reglas. Estos momentos fueron memorables por haber sido diferentes a lo que el niño estaba acostumbrado a recibir de sus padres. Quizá se elaboren teorías acerca del comportamiento paternal o maternal a partir de dichas respuestas, pero no las emplearíamos para desarrollar técnicas o consejos específicos sobre "cómo hacerlo".

Tuve que preguntar

Pero, ¿qué ocurre con la administración? Sabía, por supuesto, que la relación entre jefe y empleados difícilmente es análoga a la que existe entre padres e hijos. Sin embargo, me pregunté qué sucedería si le pedía a la gente que recordara incidentes específicos relacionados con sus jefes. ¿Serían similares sus respuestas? Bueno, tenía que averiguarlo, así que empecé a hacerle la misma clase de pregunta a todos con quienes me topaba. Ya se imaginarán el tipo de respuestas que obtuve.

Mientras estaba tomando dictado, mi jefe, siempre tan formal, hizo algo muy poco característico de él: se detuvo para bromear conmigo acerca de unas gotas de pintura que yo no me había dado cuenta que traía en el pelo.

Una vez que estaba tomando unos tragos con el administrador de un restaurante donde trabajaba, después de la hora de cerrar, él me dijo que la única razón por la que me había contratado era "para fastidiar a alguien", pero que resulté ser uno de los mejores camareros que habían tenido.

Aún estaba aprendiendo a ser paramédico, pero me sentí mucho mejor cuando mi supervisora me confesó que, incluso después de treinta años en el empleo, en ocasiones todavía se asustaba mucho.

Siendo miembro subalterno de la facultad, tuve una relación difícil con el decano hasta que un día se mostró muy alterado emocionalmente y me confesó lo desalentadora que había resultado su carrera profesional. Después de eso, tuve una nueva visión de él, traté de comprenderlo y tener una actitud mucho más cooperativa.

Mi jefe y yo estábamos tan hartos de la administración que solicitamos juntos un nuevo empleo en otra compañía. Al final, ninguno de los dos renunció, pero la experiencia creó un nuevo vínculo entre nosotros.

Ni una sola vez citaron mis encuestados un episodio aprendido en algún programa de capacitación sobre técnicas administrativas. En realidad, la mayoría recordó comportamientos que difícilmente se considerarían como una técnica aprobada de administración (por ejemplo: bromear, perder el control emocional, buscar empleo con otro patrón). Tendían a ser momentos que, con toda seguridad, los jefes no recordaban y que probablemente considerarían insignificantes; sin embargo, a menudo revelaban algo de su calidad humana. En estos incidentes, tal vez los jefes hayan mostrado espontaneidad, sinceridad, afecto, pero no técnica.

PARA EVITAR UN MUNDO ESPANTOSO

En la paternidad y en la administración, no cuenta tanto lo que *hacemos* como lo que *somos*. Lo que los padres hacen de manera deliberada parece que no marca una gran diferencia en los resultados más importantes: si sus hijos crecen y son felices o infelices, exitosos o fracasados, buenos o malos. No hay duda de que los padres pueden y deben hacer cosas que valgan la pena por sus hijos, pero lo que en realidad importa es quiénes son; por ejemplo, si son sensibles y afectuosos, o fríos e indiferentes. La mayoría de los niños adopta las características que definen a sus padres, ya sea que éstos lo deseen o no.

La misma dinámica ocurre en el caso de la administración y el liderazgo. La gente aprende a reconocer lo que somos y responde a ello. Cuando uno se detiene a considerarlo, tal vez sea la forma en que debe ser. ¡Qué mundo tan espantoso sería si en realidad fuéramos poseedores de la técnica para transmitir algo diferente a lo que en verdad somos!

4

Una vez que encuentre
una técnica de administración
que funcione, abandónela

CADA NUEVA TÉCNICA de relaciones humanas promete siempre hacer más efectivo al líder. Por ejemplo, se enseña a los administradores a escuchar sin prejuicios o a recompensar ciertos comportamientos en los demás. Entonces creen, en un principio, que han encontrado la respuesta a todos sus problemas. ¡Por fin, algo que funciona! Pero este sentimiento rara vez es duradero. Con el paso del tiempo, por lo general descubren que esas técnicas recién descubiertas en realidad sirven para evitar relaciones humanas más cercanas, precisamente lo opuesto del efecto al que estaban destinadas.

La razón más obvia es que cualquier técnica pierde su fuerza cuando se hace patente que *se trata* de una técnica. "No me escuches de esa forma." "No me trates como si fueras mi terapeuta." "Me doy cuenta de lo que haces." "¿Estás recompensándome?"

Como vimos en los ejemplos del capítulo anterior acerca de la paternidad y la administración, la mayor parte de las técnicas derivan su poder del contexto en el que se utilizan; esto es, contrastan con la forma en que los problemas se abordan habitualmente. Si un administrador rara vez presta atención a un empleado y, de pronto, empieza a hacerlo, el efecto es muy radical. Pero si, por lo general, el administrador es atento, la atención pierde su fuerza porque no se contrasta con su opuesto.

Muchas técnicas que se emplean de manera consciente para comunicar cierto tipo de sentimientos a veces se revierten porque existen, al mismo tiempo, emociones contradictorias muy arraigadas que se transmiten inconscientemente. El mensaje resultante es confuso y desconcierta e inquieta al receptor. No es efectivo intentar enviar mensajes que transmitan firmeza, afecto, o interés cuando existen sentimientos opuestos que se acercan más a la verdad.

Respeto desgastado

Parece que algunos administradores pasan sus vidas tratando de descubrir técnicas que produzcan las conductas deseadas en sus empleados, pero sin que éstos se den cuenta. Éste es un enfoque arriesgado que, seguramente, terminará por provocar que los subordinados pierdan el respeto y la confianza en los administradores.

Permítame explicarle por qué. Supongamos que poseo conocimiento acerca de ciertas técnicas que mis empleados ignoran. Mi respeto hacia ellos se verá afectado si utilizo ese conocimiento para modificar de alguna manera su comportamiento. Y puesto que han sido engañados, la consecuencia será que no evitaré perder algo del respeto que ellos sienten por mí.

La situación sólo empeorará si creo que yo *debería* ser capaz de "manejar" a estas personas, pero no puedo, lo que, desde luego, es casi siempre el caso. Carl Rogers fue tal vez el primero en articular este problema. Comprendió que cuando un terapeuta piensa que es capaz de manejar a un paciente, se iniciaba un invisible desgaste del respeto. Para ser eficiente, el terapeuta tiene que respetar al paciente y estar abierto a lo que suceda.

Se aplica el mismo principio a la administración. Lo que permite una respuesta genuina es la capacidad de enfrentar cada situación armado no con una batería de técnicas, sino con amplitud de criterio. Los mejores administradores *trascienden* la técnica. Después de haber adquirido muchas técnicas en su carrera profesional, alcanzan el éxito precisamente al descartarlas.

Los sentimientos al descubierto

Una de las ideas más útiles de recordar es lo que denominaría la "regla de la reciprocidad" del comportamiento humano: que, con el paso del tiempo, la gente llega a compartir, de manera recíproca, actitudes similares. Es decir, si usted no me merece una buena opinión, a pesar de que, por un tiempo, me tuvo en alta estima, no es probable que esa alta opinión persista. A la larga, llegará a sentir por mí lo mismo que yo siento por usted.

Ésta es otra de las trampas de la "tecnología" de las relaciones humanas. Creemos que es posible adquirir técnicas que oculten nuestros verdaderos sentimientos acerca de la gente y que nos permitan transmitir una imagen de nosotros mismos que los demás respetarán, aun cuando nosotros no los respetemos. Pensamos, por ejemplo, que mediante el aprendizaje de una técnica de comunicación, adquirimos el control de lo que comunicamos. Pero me temo que todo esto no está exento de algo de autoengaño. A final de cuentas, los demás descubren quiénes somos y llegan a considerarnos como nosotros los consideramos a ellos. Si respetamos de manera genuina a colegas y empleados, esos sentimientos se transmitirán sin necesidad de ningún artificio o técnica. Además, serán recíprocos.

5

Los gerentes eficientes no tienen el control

Si en toda la existencia la paradoja es la regla y no la excepción, como creo, entonces la visión popular de la administración, considerada en esencia como un asunto de adquirir y ejercitar control, necesita corregirse con urgencia. Es imposible que la administración basada en técnicas de control y manipulación tenga éxito en las cuestiones de lo absurdo. Pero eso no significa que el gerente está perdido.

Sólo aquellos que dependen principalmente del control están perdidos.

En mi experiencia, los líderes y administradores eficientes no consideran el control como su preocupación principal. Por el contrario, algunas veces abordan las situaciones como aprendices; en otras, como maestros, y en otras más, son ambos. Transforman la confusión en entendimiento. Ven un panorama más amplio. Confían en la sabiduría del grupo. Sus fortalezas no se basan únicamente en el control, sino en otras cualidades: pasión, sensibilidad, paciencia, tenacidad, valor, firmeza, entusiasmo y capacidad de asombro.

El requisito de la vulnerabilidad

De manera absurda, las cuestiones humanas más importantes: matrimonio, crianza de los hijos, educación, liderazgo, resultan mejor cuando existe una *pérdida* esporádica de control y un aumento en la vulnerabilidad personal, como en esas ocasiones en las que no sabemos qué hacer.

Para explicar lo anterior, permítame aclarar que no me refiero a una condición permanente de pasividad o de apuro por parte de los administradores. Tampoco es mi intención insinuarles que no deben actuar, ejercitar su autoridad o atender a su buen juicio, sino que las personas necesitan saber que tratan con un individuo auténtico, no con alguien que los "administra". Una vez más, esto tiene que ver con la impropiedad de la técnica.

Considere la diferencia que existe entre seducción y romance. Se requiere técnica para llevar a cabo la primera, pero la técnica resulta inútil en el romance. Ser vulnerable, perder el control, permitir que la experiencia nos sacuda, lamentar una separación, anhelar el siguiente encuentro, volvernos locos de celos, arrebatarnos en el éxtasis y dejarnos invadir por la angustia, todo esto forma parte de un romance. Si sabe lo que implica tener un romance, entonces no se trata de un romance, sino de una seducción. No saber cómo hacerlo es lo que lo hace un romance.

Los gerentes y directivos piensan que los empleados con los que trabajan quieren que muestren consistencia, seguridad y control de sí mismos, y así sucede, por supuesto. Aunque, de manera ocasional, también desean ver lo contrario. Muchos empleados quieren un momento con nosotros en el que nos comportemos como somos genuinamente, sin ninguna fachada, fingimientos o acciones defensivas, en el que nos revelemos como seres humanos, y nos mostremos vulnerables.

Esto funciona no sólo con el liderazgo, sino con todas las situaciones humanas. Es lo que las esposas desean de sus esposos, lo que los niños quieren ver en sus padres, lo que todos necesitamos de todos. Es lo que la mayor parte de los disgustos y conflictos tienen la intención inconsciente de provocar: hacernos revelar que el otro nos ha afectado.

¿UNA IDEA MAL APLICADA?

Fuera de Estados Unidos se considera muy desconcertante la idea característica de los estadounidenses de que la conducción de las relaciones humanas consiste básicamente en descubrir la técnica adecuada.

Muchas personas se muestran sorprendidas y, en ocasiones, se divierten con todos los libros de psicología para autoayuda, columnas de consejos, manuales para el matrimonio, clases de capacitación para padres y videos motivacionales, que dominan la cultura popular de este país. Creen que se aplicó mal la idea de la tecnología y que se ha trasladado a situaciones a las que no corresponde.

Tal vez tengan razón. En efecto, a los administradores estadounidenses les parece imposible, así como también a algunos de nosotros, resistirse a la tendencia de traducir el entendimiento en técnica. Cuando empezamos a comprender cómo funciona algo, de inmediato pensamos que seremos capaces de hacerlo funcionar. Es posible que esto sea cierto en el mundo físico, pero está muy lejos de ser verdad en el universo de las relaciones humanas.

Saber, por ejemplo, cómo crece la gente no significa que sepamos cómo hacerla crecer. Los expertos en desarrollo infantil no son mejores que los demás a la hora de educar a sus propios hijos. Además, debe resultar evidente para cualquiera que esté familiarizado con psicólogos y psiquiatras que conocer algo acerca de las relaciones humanas no significa necesariamente que seamos más capaces de manejarlas; en realidad, saber algo sobre estas cuestiones quizá resulte un impedimento.

No es posible aprender cómo entablar relaciones, cómo criar a los hijos, cómo dirigir a otros, incluso cómo ser humano. ¿Por qué? Debido a que en gran medida es la misma condición de no saber, de ser vulnerable y dejarse sorprender por la vida, de ser incapaz de manejar o controlar a nuestros amantes, hijos o colegas, lo que nos convierte en humanos.

Una bendición

Antes deseaba saber cómo manejar a mis hijos, empleados, estudiantes y amigos. Ahora me parece un gran consuelo darme cuenta de que no me es posible. Tampoco, en mi opinión, pueden hacerlo los demás. En especial, no soy capaz de manejar a las personas que más amo. La perspectiva de dicho logro ahora me consterna; por el contrario, creo que es una bendición que yo, que nosotros, nunca aprenderemos.

Muchos de nosotros tenemos la idea de que como administradores es posible utilizar técnicas para moldear a los empleados como si le diéramos forma a la arcilla, moldearlos en lo que nosotros queremos que se conviertan. Pero ésa no es la forma como en realidad funciona. Para seguir con la metáfora, es como si nuestros empleados fueran montones de arcilla en las que caemos y dejamos una huella, de acuerdo, y esa impresión es distintivamente nuestra, pero tal vez no se trate de la que queríamos dejar.

6

La mayor parte de los problemas que tiene la gente no son problemas

UNA DE LAS lecciones más valiosas, entre otras muchas que aprendí del filósofo Abraham Kaplan, es saber distinguir entre un problema y un predicamento. Los problemas pueden resolverse; en cambio, sólo es posible sobrellevar los predicamentos. La mayor parte de las situaciones en la vida, en particular las más íntimas e importantes, tales como el matrimonio y la educación de los hijos, son dilemas complicados e ineludibles, predicamentos en donde ninguna opción parece ser muy buena o mejor que cualquiera otra. Creo que esto también es cierto en el caso de la administración.

NO ES UNA CUESTIÓN SENCILLA

Un problema se genera cuando algo salió mal, debido a un error, defecto, enfermedad o mala experiencia. Cuando se descubre la causa, es posible corregirlo. Sin embargo, un predicamento, y aunque parezca paradójico, es más probable que se cree por condiciones que se valoran mucho. Es por ello que sólo lo sobrellevamos.

Por ejemplo, un delito. Se piensa en la delincuencia como un problema y siempre se busca las causas que lo originaron, tales como experiencias de la infancia que tal vez hayan producido una mente criminal. Preferiríamos que se tratara de una cuestión más sencilla que tuviera una explicación de causa y efecto, así que intentamos demos-

42

trar que los delitos provienen de fuentes tales como la pornografía o de ver mucha violencia por televisión.

Por el contrario, de manera absurda, el delito existe principalmente debido a aspectos de la sociedad a los que ni siquiera por un minuto consideraríamos en renunciar: riqueza, urbanización, movilidad, libertad, materialismo, libertades individuales, progreso. Es indudable que los males sociales tales como el desempleo y la pobreza aportan su granito de arena, pero existen sociedades muy grandes que tienen un índice de pobreza mayor que el nuestro y en las que prácticamente no hay delincuencia. En Estados Unidos, aunque parezca paradójico, el delito se asocia con lo que hemos considerado como progreso. Incluso el delito proviene de los esfuerzos para controlarlo. Las prisiones, por ejemplo, tienden a endurecer y a capacitar delincuentes de manera que se incrementa la probabilidad de que cometan delitos más graves cuando salgan en libertad. De este modo, es frecuente que un predicamento empeore cuando lo tratamos como un problema.

UN MARCO MÁS AMPLIO

La mayoría de las personas, en especial aquellas que se encuentran en los niveles más bajos de las organizaciones, se consideran expertas en la solución de problemas y en gran medida lo son. Evalúan una situación, la descomponen en sus elementos y después abordan cada uno de los componentes. Sin embargo, cuando ascienden y se convierten en gerentes o directivos, tienen que tratar cada vez más con predicamentos y menos con problemas. Los mejores ejecutivos descubren muy pronto que el pensamiento puramente analítico es inadecuado.

Los predicamentos requieren pensamiento interpretativo. Lidiar con un predicamento exige la capacidad de colocar la situación dentro de un marco más amplio, comprenderla en sus muchos contextos, apreciar sus causas y consecuencias más profundas y, a menudo, paradójicas. ¡Ay de nosotros! No es fácil manejar los predicamentos.

7

La tecnología crea el opuesto del propósito buscado

LA INTRODUCCIÓN DE la lavadora en los hogares prometía terminar con la carga de trabajo de las amas de casa que pasaban casi todo el día lavando ropa. Pero también originó la idea de utilizar ropa limpia diariamente. Las nuevas normas de higiene resultantes crearon la necesidad de lavar la ropa con mayor frecuencia y el número real de horas dedicadas a esa labor permaneció igual. De manera similar, la introducción de la computadora para eliminar el uso del papel en las oficinas en realidad aumentó la cantidad de papel que éstas emplean.

La tecnología ayuda en innumerables formas, pero siempre tiene consecuencias negativas. El término para este fenómeno en medicina es *iatrogénico*, que significa "producido por el médico". Los ejemplos son las complicaciones derivadas de la cirugía, los efectos colaterales de los medicamentos, las infecciones que se producen como resultado de la estancia en un hospital. Hay más de mil enfermedades diferentes que no existirían si no fuera por la práctica de la medicina y la existencia de los hospitales. El personal de cualquier hospital dedica la mitad del horario de trabajo al tratamiento de enfermedades iatrogénicas.

UNA FUERZA INESPERADA EN SENTIDO CONTRARIO

El problema de la tecnología y sus efectos secundarios se encuentra presente en todas las ramas de las ciencias. El campo de la ecología está lleno de ejemplos en los que los esfuerzos exitosos para intervenir en el curso natural de los acontecimientos en beneficio de algunas especies, por lo general del *homo sapiens,* han provocado daños inesperados a esa misma especie, y este daño minimiza el éxito original alcanzado.

En Pakistán, por ejemplo, la aplicación de la tecnología de irrigación y fertilización en tierras sin drenaje adecuado produjo efectos adversos tan graves que se ha dejado de cultivar una mayor cantidad de tierra de la que se aprovecha para sembrar. En un caso más cercano, hemos llegado a darnos cuenta de que los sistemas de aire acondicionado contaminan el medio ambiente; la ampliación de las autopistas aumenta la congestión de tránsito no sólo en las carreteras sino en las ciudades y pueblos que comunican; los insecticidas y conservadores han puesto en peligro nuestra salud.

Con cada aplicación de la tecnología se desarrolla una fuerza en sentido contrario que es el opuesto exacto a lo que nos proponíamos. El riesgo, por supuesto, es que seamos tan fanáticos de las aplicaciones tecnológicas que olvidemos su efecto en el resultado; que nos entusiasmemos tanto con el proceso, que perdamos de vista el producto.

En el mundo del diseño, la computadora ha sustituido el arte y la habilidad desplegados por el diseñador profesional. Encontramos en el mercado todo tipo de software para gráficos. Casi cualquier operador experimentado de computadora es capaz de crear diseños gráficos tan parecidos a los que produce un profesional que la diferencia no importa mucho para el ojo inexperto.

Pero debemos preguntarnos, ¿acaso no falta elegancia, humor y creatividad que sólo un diseñador talentoso podría haber aportado? ¿Estamos pagando un precio terriblemente alto por la difusión de la tecnología que, si bien aumenta las capacidades de diseño de muchas más personas, en realidad reduce las oportunidades para que los diseñadores más creativos apliquen su destreza? ¿Es posible que el esfuerzo para aumentar la capacidad de diseño produzca el efecto colateral de disminuir la calidad de éste?

Preguntas difíciles

A medida que nos topemos con tecnologías "sorprendentes", con mayor frecuencia debemos hacernos preguntas tales como: ¿El uso de las

imágenes de resonancia magnética para el diagnóstico médico y trata-
mientos ha mejorado nuestra salud y longevidad? ¿La introducción de
la tecnología audiovisual en las escuelas dio como resultado estudiantes
mejor preparados? ¿El diseño por computadora, que ha invadido los
despachos de arquitectos, perfeccionó el arte de la arquitectura? Me
temo que las respuestas son todavía negativas.

El entusiasmo por las nuevas tecnologías es irresistible: son maneras inimaginadas de realizar tareas que antes nos resultaban onerosas y
arduas. El dilema, desde luego, consiste en que aunque es muy difícil
conocer exactamente las formas remotas y complejas en que éstas se
revertirán, sabemos que lo harán.

8

Creemos que inventamos la tecnología, pero la tecnología también nos inventa

EL AUTOMÓVIL HA creado no sólo ciudades modernas, sino también lo opuesto, los suburbios. Lo que una vez hizo posible: la separación de los centros comerciales de los residenciales, los de entretenimiento de los industriales, ahora es algo necesario. El automóvil también se ha convertido en una de las causas más importantes de accidentes y mortalidad. Su existencia ha modificado los patrones de comportamiento en el noviazgo, las prácticas sexuales y, en especial, el entorno. Demuestra a la perfección el poderoso efecto de la tecnología en nuestras vidas.

El veinticinco por ciento de la economía de los países desarrollados está ligada al negocio de los vehículos automotores, si se tiene en cuenta no solamente la fabricación de automóviles, sino también las carreteras y servicios diseñados para darles cabida. Creemos que inventamos el automóvil, pero, en realidad, éste también nos inventó.

Por ejemplo, el automóvil ha sumado responsabilidades para los padres que ninguna otra sociedad en la historia tuvo que enfrentar. Los padres que viven en los suburbios tienen que llevar a sus hijos a todas partes. En el pasado, debido a que había muy pocos vehículos, los niños exploraban los alrededores con relativa seguridad. Pero la existencia de los automóviles ha provocado que salir de la propia casa se haya convertido en algo muy peligroso.

Es posible afirmar, entonces, que el automóvil ha llevado a los padres a desarrollar toda una nueva estrategia: patios cercados y la noción de que debemos mantener a nuestros hijos bajo vigilancia en todo momento. Esta responsabilidad nunca fue parte de los deberes paternales cuando los niños podían desplazarse con seguridad. De este modo, el automóvil ha contribuido a crear sentimientos crecientes de angustia y frustración en los padres. Cuando estos sentimientos se combinan con el de aislamiento (que, en algunos casos, es posible detectar en la vida fuera de los centros urbanos creada por el automóvil), a menudo conducen a la violencia, pues ayudan a crear un nivel de maltrato a los niños dentro de nuestra sociedad que es uno de los más altos del mundo. Así, de manera increíble, encontramos que el automóvil influye en la conducta de los padres de un modo que nadie habría imaginado siquiera.

EL DISEÑO DE LAS ORGANIZACIONES

La tecnología siempre nos inventa. Las organizaciones, por ejemplo, están moldeadas por las tecnologías de comunicación de que disponen. Nuestras organizaciones más primitivas, las tribus, tenían que conducir sus asuntos esencialmente de cerca, para que fuera posible oírse. Cuando se empezaron a enviar mensajes a cierta distancia, evolucionaron las más diversas organizaciones sociales. El correo y los sistemas postales permitieron el surgimiento de negocios centralizados. El teléfono y el telégrafo fomentaron las relaciones internacionales.

Las computadoras han creado, en la actualidad, organizaciones que prácticamente no necesitan oficinas. Las comunicaciones de negocios deben extenderse más allá de los límites geográficos tradicionales de los edificios que albergan a la organización, para llegar hasta empleados que trabajan fuera, como vendedores, así como clientes, asesores e incluso competidores. McDonnell Douglas, al reinventar su sistema de comunicaciones, tuvo que incluir a su principal competidor, Lockheed. Para competir en determinado nivel, McDonnell Douglas se vio obligado a colaborar en otro.

Las redes computacionales crean "comunidades" como ninguna otra que hayamos conocido. Aunque es posible que los participantes nunca se encuentren juntos en la misma habitación, establecen relaciones de trabajo sólidas y lazos poderosos de amistad. En parte, esto es consecuencia del hecho de que la tecnología invita a la gente a "hablar" más abierta y francamente de lo que se atreverían en reuniones comunes y corrientes. Las relaciones llegan a ser tan cercanas y profundamente personales como una que se desarrolle en la comunicación frente a frente.

Ese fenómeno no debe sorprendernos. A lo largo de la historia, algunas de las discusiones políticas más profundas y las relaciones amorosas de mayor fama se produjeron entre personas que se carteaban. Se tiende a pensar que la mejor forma de comunicación se realiza cuando la gente se ve y se toca, pero esto no es necesariamente así. Obviamente hay ocasiones en que la proximidad física resulta indispensable. Pero la comunicación frente a frente a menudo introduce más "ruido" en el sistema e impone mayores limitaciones en la ex- presión personal. De manera paradójica, es la misma tecnología que amenaza con despersonalizar nuestra sociedad la que ofrece una forma de conectar a la gente, de restablecer la sensación de comunidad en nuestras vidas, de hacer más profundas nuestras relaciones.

Al mismo tiempo, el advenimiento de la computadora y los sistemas avanzados de comunicación que la tecnología ha hecho posible suscitan nuevas y difíciles preguntas: ¿Cuál es el tramo de control adecuado de un administrador en una red computarizada? ¿Cuál será la naturaleza de esta supervisión? ¿Cuál es el papel de los gerentes medios cuando el acceso vertical desde los niveles superiores hasta los inferiores de la organización (y viceversa) se ha vuelto tan sencillo? ¿Esta tecnología democratiza o centraliza? ¿Qué sucede con las cuestiones como la privacidad, lealtad, identidad y confidencialidad?

UNA VIDA PROPIA

Todas estas preguntas se generan debido a que la tecnología nos ha reinventado. Somos y seremos diferentes de lo que fuimos. En general, no sabemos todavía de qué manera se expresarán estas diferencias, del mismo modo que no anticipamos cómo nos transformaría el automóvil.

Siempre se ha creído que la tecnología se encuentra bajo control, que es neutra, benigna, y que sólo la utilización que le damos es la que resulta sospechosa. Pero ése no es el caso. La tecnología desarrolla una vida propia, es autónoma. Como Emerson observó: "Las cosas se encuentran en la silla de montar y cabalgan sobre la humanidad." Imaginen que tratáramos de deshacernos del automóvil, el televisor o la computadora. Imposible.

La tecnología nos arrolla como una fuerza incontenible y las posibilidades de influir en ella son bastante limitadas. Además, es muy probable que las consecuencias de aplicar la tecnología resulten muy diferentes a nuestras expectativas y, con mucha frecuencia, sean lo opuesto de lo que nos proponíamos. Sólo si llegan a comprender esto, los administradores serán capaces de aplicar la tecnología de manera inteligente, evaluar sus efectos y prepararse razonablemente a enfrentar las eventualidades que les ocasionará.

PARTE TRES

Las paradojas de la comunicación

9

Mientras más hablamos, menos nos comunicamos

LA NOCIÓN DE que la gente necesita comunicarse más es tal vez la idea más ampliamente aceptada dentro del ámbito de la administración y, en realidad, de todas las relaciones humanas. Ya sea que se denomine "asesoría", "formación de equipos", "resolución de conflictos", o "negociación", todo se reduce a una sola idea: si hablamos sobre el tema, la tarea saldrá mejor.

Bueno, sí y no. Desde luego, no voy a decir que no necesitamos hablar. Pero la comunicación, como todo lo demás en las cuestiones humanas, rara vez funciona de la forma que creemos. La mayor parte de las organizaciones, de hecho, se *sobrecomunican*: juntas, conferencias, memorándums, llamadas telefónicas y correo electrónico abruman por igual a ejecutivos y empleados. Cada vez más, parece que creemos que todo el mundo debería estar al tanto de todo.

Un experimento clásico que desmintió esa creencia lo condujo hace muchos años Alex Bavelas, asesor en administración y psicólogo organizacional. Este estudio, que llegó a conocerse como el "experimento de la línea y el círculo", dividió a los participantes en dos grupos. En uno de ellos, los integrantes transmitían toda la información a una persona central, como sucedería en la administración vertical. En el otro, la información se compartía en círculo, más semejante a la administración participativa.

Ambos grupos tenían que resolver el mismo problema; por ejemplo, se entregó una caja de canicas de diferentes colores a cada partici-

53

pante y después los grupos debían identificar qué color era común a todas las cajas. Cuando todas las canicas eran de color liso, lo que facilitaba distinguir y describir, el grupo de la línea se desempeñó mucho mejor que el del círculo. Entonces el ejercicio se modificó un poco para hacerlo más complejo; las canicas ya no tenían colores lisos sino que eran jaspeadas. El grupo del círculo, donde se le permitía a cada persona hablar con la siguiente, y no solamente con el "líder", se adaptó al cambio con mayor rapidez y, por lo tanto, funcionó mejor que el grupo de la línea.

Estos descubrimientos se han utilizado durante muchos años para sustentar la idea de la administración participativa. Sin embargo, uno de los resultados que menos se conocen de esta investigación resulta de especial interés para nosotros. Cuando todas las líneas de comunicación estaban abiertas, cuando se les permitía hablar a todos los participantes, no sólo con la persona que se encontraba al lado, sino con todos los demás miembros del grupo, entonces, la capacidad de éste para solucionar problemas disminuía de manera notable y prácticamente se paralizaba. En otras palabras, parece que siempre existe un nivel óptimo de comunicación, más allá del cual la comunicación adicional o ampliada llega a ser disfuncional. La comunicación tiene sus límites.

Una fórmula para el tedio

La comunicación total tal vez resulte bastante aburrida. En un ejercicio de capacitación para administradores (que a menudo se lleva a cabo para demostrar tanto la dificultad como la importancia de lograr una comunicación precisa) no se les permite hablar a los participantes, a menos que primero satisfagan los requerimientos del primer orador, quien debe asegurarse de que sus comentarios fueron comprendidos en su totalidad. Esto se logra repitiendo el mensaje del orador, no como si se tratara de loros, sino en las propias palabras de cada uno, y luego debe obtenerse la aprobación de que el resumen fue preciso. No resulta sorprendente que, a menudo, esta aprobación sea difícil de conseguir. Con el tiempo, los participantes aprenden la necesidad y el valor de escuchar con atención.

Sin embargo, cuando el experimento se continúa por más de unos cuantos minutos, empieza a cansar a los participantes. Aun cuando la discusión ya no se encuentra en su punto más álgido y la gente se comprende completa y plenamente, lo que sigue es una cantidad enorme de aburrimiento. La comunicación precisa se ha convertido en algo que resulta tan tedioso como agobiante. El ejercicio nos recuerda que la transferencia de información precisa es tan sólo una pequeña parte del papel que la comunicación desempeña en nuestras vidas.

Problemas disfrazados de poder

Muchos supuestos problemas de comunicación son, en realidad, problemas de equilibrio de poder. Es por eso que, quizá, no sea prudente introducir de lleno la comunicación abierta en una situación en la que existe una gran disparidad de poder. El resultado no planeado, aunque sí perjudicial, es aumentar el poder de los ya poderosos y disminuir el de los que ya, de por sí, carecen de él. Por ejemplo, en el caso de un consejero matrimonial, si le pide a la persona que se siente rechazada que comunique sus necesidades a quien ejerce el rechazo, en realidad es muy probable que la situación empeore al hacer que la rechazada resulte aun menos atractiva y más vulnerable para la otra.

Lo mismo se aplica en las relaciones empleado-jefe. Cuando se les pide a los subordinados que se comuniquen con franqueza con sus superiores, corren el riesgo de que su vulnerabilidad aumente, lo que llevará a consecuencias potencialmente fatales. Uno se pregunta cuánta gente existe como cierta mujer, a quien sus colegas alentaron para ir a hablar con su jefe y "limar las asperezas". Siguió el consejo y muy poco tiempo después la despidieron. Sólo cuando el equilibrio del poder es relativamente parejo es posible lograr una real y sincera comunicación.

Ya es suficiente

Es posible que las organizaciones que crean que todos sus problemas se resolverán a través de una mayor comunicación se expongan a sufrir una sorpresa. En un proyecto de investigación conducido por el Western Behavioral Sciences Institute se estableció un centro de información experimental en una empresa muy importante relacionada con el espacio aéreo. Los empleados que necesitaban respuestas a determinadas preguntas llamaban al centro para obtenerlas. Para nuestro asombro, a pesar de que el centro logró alcanzar un gran éxito pues satisfacía a las personas que planteaban preguntas, cuanto más crecía su popularidad, más nerviosos se ponían los administradores.

A los ejecutivos de la compañía les preocupaba que la cadena de mando se viera burlada ("¡Si los empleados no conocen algo, deben preguntar a sus supervisores!"); que se hicieran preguntas no relacionadas con el trabajo ("¿Quién lleva la voz del bajo en un cuarteto navideño?"), y que la organización experimentara posibles dificultades para dar cabida a tal servicio potencialmente activo ("¿Qué sucedería si recibiéramos miles de llamadas diariamente?"). Cuando las llamadas sumaron varios cientos al día, se suspendieron las actividades del centro. El episodio ilustra que la comunicación rápida y precisa de la información quizá tenga menos importancia para la administración que otros intereses organizacionales.

LOS DATOS NO IMPORTAN

La mayoría de los ejecutivos de nivel superior utilizan muy poco las computadoras que los conectan con los sistemas de información administrativa de la compañía. La explicación más común es que son novatos en el uso de estos aparatos. Pero resulta más probable que los sistemas de información no les proporcionen lo que quieren y necesitan. Absurdamente, contamos con sistemas de información gerencial que no funcionan para los gerentes.

Estos sistemas para reunir y almacenar montañas de datos casi siempre pasan por alto las necesidades reales de los ejecutivos en favor de lo que otros, que sólo operan sobre la base de sus mejores conjeturas, imaginan que son esas necesidades. Las conjeturas se fundamentan en lo que seguramente son supuestos lógicos: los ejecutivos necesitan estadísticas de personal, exhibición de inventarios, cifras de ventas y cosas por el estilo. Pero casi toda esta información es cuantitativa en lugar de cualitativa y sirve de muy poco para los administradores de nivel superior, quienes tienen que arreglárselas con predicamentos que rara vez ceden ante el análisis lógico.

Es muy probable que lo que estos ejecutivos requieren provenga del consejo de sus colegas en vez de despliegues exhaustivos de datos. Necesitan interpretaciones, opiniones, información que haya sido "manipulada". Es por ello que los ejecutivos dedican casi todo el tiempo a comunicarse: en juntas, a través de memorándums, o por teléfono. Si se les presenta la opción de escoger entre los datos y sus colegas, elegirán a estos últimos.

Pronto la computadora será omnipresente, insertada de manera invisible en todo nuestro entorno de trabajo, y será sensible a nuestros estilos de trabajo. Ya ofrece texto, voz, sonido, imágenes fijas y móviles, gráficos, software de traducciones, una extraordinaria variedad de bases de datos y mucho más. Los ingenieros confían en que esta tecnología impresionante, a la larga, se abrirá paso hasta la oficina del ejecutivo. Pero para que sí sirvan a los administradores de alto nivel, los sistemas de información deben basarse en estudios de las interacciones reales de los altos ejecutivos. Diseñado de manera vertical descendente, por llamarlo así, el sistema de información debería surgir de lo que en realidad sirve a los intereses estratégicos de las organizaciones. Pero hasta entonces, no tendrá éxito.

10

En la comunicación, la forma es más importante que el contenido

CUANDO VEMOS a un ejecutivo con el rostro encendido que grita: "¿Quién está enojado? ¡Yo no estoy enojado!", nos damos cuenta que las emociones son mucho más importantes que las palabras. Es por eso que en todos los procesos de comunicación resulta crucial escuchar la música tanto como la letra, el sentimiento oculto detrás de las palabras, así como las palabras mismas.

De manera similar, todos estamos muy conscientes de que un mensaje escrito conlleva más peso que otro verbal, y que entre los mensajes escritos, el que se imprime tiene un peso mucho mayor que el que está mecanografiado que, a su vez, tiene más peso que el escrito a mano, aun cuando las palabras sean idénticas. Al parecer, el medio de expresión es más importante que las palabras.

Todos nos damos cuenta, por ejemplo, que cuando una recepcionista con acento británico contesta una llamada telefónica, es probable que transmita la imagen de ser extraordinariamente inteligente y mejor organizada, lo que crea una impresión positiva de la compañía. En efecto, la idea de la imagen empresarial que se transmite a través de encabezados en las cartas, informes anuales, publicidad e, incluso, edificios constituye un triunfo de la forma sobre el contenido.

El poder de lo invisible

Uno de los ejemplos más sutiles de este fenómeno es algo que denomino *metamensajes*. Tienden a ser invisibles; pero, de todos modos, son imborrables. Considere, por ejemplo, el programa oculto de una escuela según la descripción del crítico social Ivan Illich. Todos sabemos que los adultos no retienen demasiado de lo que alguna vez aprendieron en la escuela cuando eran niños. La mayoría de nosotros no aprobaría un examen de historia de secundaria o calcularía una raíz cuadrada, aun cuando una vez fuimos capaces de hacerlo.

Pero todos retenemos lo que se nos enseñó en el programa oculto. Aprendimos a sentarnos erguidos, levantar la mano, hacer fila, obedecer la autoridad de los adultos y pedir permiso. También aprendimos que las maestras, por lo general, son mujeres y los administradores, hombres; que existen temas de los que podemos hablar y otros prohibidos, y así sucesivamente. Nunca olvidamos estas lecciones debido a que se nos enseñaron no como parte del programa real de estudios, sino más bien a través del ritual o forma de educación. Cada uno de esos ejemplos constituye un metamensaje.

En toda la vida, los metamensajes tienden a ser más poderosos que el propio mensaje. Particularmente en los programas de capacitación para administradores. La misma existencia de dichos programas transmite el mensaje inadecuado, incluso para aquellos que no reciben el entrenamiento, de que la administración es una técnica susceptible de enseñarse y aprenderse de manera rápida. Pero, tal como lo hice notar antes, la administración no es cuestión de adquirir técnicas. Existen muchas formas de llevar a cabo el trabajo. Cuando los metamensajes de los programas de capacitación para administradores afirman lo contrario, se impone una carga imposible aun sobre los más expertos. Invariablemente, esas nuevas "técnicas" recién adquiridas fallan. Los administradores terminan por sentirse inadecuados y obligados a actuar de la forma que sea, lo que acarrea, en ocasiones, consecuencias desastrosas.

El lugar donde nos sentamos importa

Otro ejemplo que ilustra la prevalencia de la forma sobre el contenido es observar cómo nos acomodamos en las juntas de negocios. Existe una gran diferencia entre sentarse a la mesa ovalada acostumbrada, en la que el líder se encuentra en la cabecera, y sentarse a una mesa circular en la que no se hace ninguna distinción para el líder. Es posible que las mismas personas, con el mismo orden del día, se sienten a ambas mesas, pero transcurrirá una reunión muy diferente en cada caso.

Si se retirara la mesa y la gente se sentara en sillas puestas en círculos, expuestos mutuamente, con toda seguridad la reunión también resultará diferente. La diferencia sería más grande si todos se quitaran sacos y corbatas y todavía mayor, si se descalzaran y se sentaran en el suelo. Nada ha cambiado, excepto la forma y, sin embargo, debido a ello, todo se ha modificado.

Tenemos mucha conciencia de los metamensajes implícitos en el diseño de una oficina. Cualquiera se convertirá en un ser intimidatorio si se instala en una gran oficina cuadrada, con alfombra, un escritorio muy amplio, sillón de cuero con respaldo alto y otros símbolos de la autoridad ejecutiva.

Recordar los rituales

Todo esto nos indica que es tanta la preocupación por el contenido de lo que decimos o escribimos, que a menudo olvidamos la forma. Sin embargo, las emociones, los rituales, los acuerdos, el diseño social y físico, todo lo que está implícito en la forma en que nos organizamos y comunicamos una experiencia tiene una importancia crucial. Cuando todo esto se toma en cuenta, es posible enviar metamensajes que concuerden con el mensaje deseado y reforzarlo, en lugar de debilitarlo.

11

Escuchar es más difícil que hablar

CUANDO ESCUCHAMOS GENUINAMENTE a otra persona, somos capaces de introducirnos en un mundo especial en donde se comparten los sentimientos. Se trata de una experiencia excepcional, gratificante para ambas partes. Tiene tantas consecuencias positivas que ense-ñar técnicas para escuchar se ha convertido en la norma dentro del repertorio de los instructores de administración. Pero si escuchar resulta tan satisfactorio y eficaz, ¿por qué no es una experiencia frecuente en nuestro lugar de trabajo? ¿Por qué los administradores no escuchan más?

Esto se debe a muchas razones. Una de las más importantes es que escuchar bien es extraordinariamente difícil, aun para personas experimentadas en el arte de saber escuchar. Es poco realista esperar que la gente lo aprenda de manera rápida o lo haga con facilidad. Sólo se necesita pasar por el estire y afloja de intentar convencer a otra persona para que concuerde con nosotros: "Sí, eso es lo que quiero decir en realidad", para descubrir lo difícil que es. Fracasamos más seguido de lo que tenemos éxito.

En algunas situaciones, escuchar tal vez resulte incluso inadecuado. A veces, los líderes necesitan pasar por alto a los demás, seguir sus propias intuiciones, aferrarse tenazmente a un curso de acción. Poner atención a los puntos de vista de los demás no requiere desbaratar esa acción, pero podría. A los presidentes Jimmy Carter y Bill Clinton, ambos excelentes conocedores del saber escuchar, se les ha culpado de que, con el pretexto de buscar consenso, malgastan mucho tiempo en escuchar.

Al escuchar, es posible que los administradores se sientan obligados a tratar de concentrarse por completo en lo que la otra persona quiere decir, en cómo ve el mundo. Comúnmente, los seres humanos necesitan más espacio psicológico para moverse en su comunicación. Saber escuchar les niega dicho espacio.

Es algo parecido a conducir un automóvil. No nos concentramos todo el tiempo en el camino. Eso resultaría demasiado limitado. Contemplamos el paisaje, comemos, bebemos, hablamos, cantamos, nos abrazamos, nos besamos, oímos radio. Las personas no escuchan bien no sólo porque no sepan cómo, sino debido a que se sienten capaces de mucho más de lo que las exigencias de saber escuchar permiten.

Los obstáculos en el camino

Escuchar también es una experiencia inquietante. Todos tenemos fuertes necesidades de ver el mundo de cierta forma y cuando escuchamos de verdad, como para comprender la perspectiva de la otra persona, nos arriesgamos a que cambien nuestra manera de pensar. De la misma manera, escuchar a los demás significa estar alerta a nuestro instinto de defensa, a nuestro impulso de querer cambiar a los otros. Esto requiere un nivel de autoconciencia, e incluso autocrítica, que a menudo no es fácil de soportar.

Escuchar exige franqueza, confianza y respeto, cualidades difíciles de mantener y que rara vez se muestran con uniformidad, incluso en las personas más expertas en saber escuchar. Se trata más de una actitud que de una técnica. La mejor manera de escuchar no proviene de la técnica sino de interesarse genuinamente en lo que de verdad le importa a la otra persona. Escuchar es mucho más que oír con paciencia a los demás.

Para los administradores, escuchar plantea un dilema especial. Las investigaciones revelan que es muy probable que la gente cambie cuando reinvertimos el flujo de la comunicación, es decir, cuando no se les habla, sino que se les brinda la oportunidad de hablar. Sin embargo, la idea popular persiste de que nuestros líderes tienen que ser grandes comunicadores, inspiradores y triunfadores, debido a su habilidad para hablar, no a la de escuchar. Es muy difícil para los administradores conciliar estos requisitos, pues compiten entre sí.

Por último, se piensa que escuchar debería de ser algo contagioso; que aquellos a quienes se les escucha, poco a poco adquirirían la habilidad de escuchar a los demás del mismo modo. Desgraciadamente, es probable que esto no suceda. El modelo para escuchar no se extiende de la forma en que uno esperaría, o si lo hace, es en menor medida.

No se trata de manipular

Un folleto que Carl Rogers y yo escribimos en 1955 introdujo la frase "escuchar activamente" en el léxico de los cursos de capacitación para administradores y relaciones humanas. Aun cuando todavía concuerdo con mucho de lo que expresamos entonces, no escribiría algo así en la actualidad. La razón principal es que ya no creo que el saber escuchar de manera genuina deba reducirse a una técnica.

Para mí, carece de gracia y es manipulador analizar esos momentos especiales en que nos enriquecemos y nos deleitamos con alguien que nos escucha, o al ser honestos con nosotros mismos, o cuando nos halagan, y luego tratar de enseñarlos como técnicas de administración o relaciones humanas. Es como aprender trucos mnemotécnicos para dirigirnos por su nombre a quien apenas conocemos, o usar la autorrevelación como un método para ganarnos la confianza de alguien. Desgraciadamente, el rango completo de las respuestas emocionales humanas se ha convertido en presa fácil para los tecnócratas de la administración.

12

Halagar a la gente no la motiva

HACE MUCHO TIEMPO que cuestiono la muy apreciada idea de que la gente trabaja mejor después de haber recibido halagos. Sé que a este respecto me encuentro en territorio hostil, debido a que el halago es tal vez la técnica de relaciones humanas más ampliamente utilizada y que goza de apoyo unánime. Los padres, administradores, psicólogos, maestros, todo el mundo parece creer en su valor como herramienta de motivación, como recompensa o como forma de entablar buenas relaciones. La apreciamos porque todos hemos experimentado la emoción de descubrir que alguien que respetamos nos tiene en alta estima.

Pero dudo que el halago, cuando se emplea de manera consciente como técnica de administración, siempre logre lo que creemos. No porque no tenga funciones valiosas (de las cuales casi no nos damos cuenta), sino porque pienso que nuestras creencias acerca de su valor *motivacional* requieren un análisis más profundo. Considere lo siguiente:

Es posible que el halago, en realidad, se perciba como una amenaza. Observe cómo responde la gente al halago. ¿No es verdad que a menudo reacciona con desasosiego o incomodidad? Una respuesta muy común es una vaga negación o menoscabo: "En realidad, no debe dárseme todo el crédito", o: "Sólo hablas por hablar." Alabe una casa o un jardín y su propietario se apresurará a señalar sus defectos; alabe a un empleado por un proyecto y éste, en ocasiones, estará dispuesto a menospreciar el papel que desempeñó. Ponerse a la defensiva se incrementa, desde luego, cuando el halago es inmerecido o no se ha ganado.

La gente reacciona a la defensiva por la posibilidad de que el halago entrañe una amenaza. Después de todo, el halago *es* una evaluación, y ser evaluado, ser juzgado, por lo general nos hace sentir incómodos, aun cuando dicha evaluación sea positiva. Además, cuando se halaga a las personas, a menudo lo que se intenta es motivarlas, orientarlas en cierta dirección, *cambiarlas*. La amenaza del cambio casi siempre resulta inquietante.

En lugar de reafirmar el valor de la gente, el halago es una forma de ganar una posición superior. Halagar a los demás establece el hecho de que uno se encuentra en posición de emitir un juicio. Un administrador que evalúa a un empleado necesita tener presente esto. Aun cuando la evaluación sea positiva, existe la posibilidad de que el empleado se sienta disminuido si parece que su superior solamente está reforzando, precisamente, su condición superior.

Resulta interesante que, cuando el trabajo de una persona de nivel superior es halagado por una de condición inferior, a menudo se considere presuntuoso o incluso insultante. Si una persona común y corriente le hubiera dicho a Picasso: "En realidad, usted es muy buen pintor", no es probable que dicho cumplido se recibiera con particular agrado. Para resultar aceptable, el halago debe darse de manera que respete la diferencia en la condición: "Me encantan sus pinturas."

El halago quizá limite la creatividad en lugar de liberarla. Algunas medidas que toman los administradores tienen la intención de verse como recompensas; tal es el caso de los salarios y beneficios. Pero debido a que el empleado ha llegado a tomarlos por un hecho, ya no funcionan como recompensas. También es posible que eso sea cierto con respecto a los halagos. Cuando los exigimos, y no se otorgan de manera rutinaria, ya no sirven para motivarnos.

Lo que en realidad libera la creatividad y promueve el deseo de logro es cuando un administrador dedica tiempo para *interesarse* en la tarea de un empleado, para averiguar en qué dirección se orienta el trabajo, los problemas y posibilidades que presenta, la forma en que el empleado lo maneja. Pero el interés es exigente y consume tiempo, lo que probablemente explica por qué muchos administradores recurren al halago como sustituto, confiando en que éste logre los mismos resultados.

El halago quizá se asocie principalmente con la crítica. Esto ocurre cuando utilizamos el halago para disfrazar la culpa, o empleamos la "técnica del sándwich", en donde la reprobación sigue al halago y después éste se repite. "Estoy muy complacido con tu trabajo, Pedro", dice el jefe. "En realidad estás sacando el trabajo, *pero...* " Entonces Pedro tiene que oír la parte desagradable del asunto, es decir, la reprimenda. El jefe termina su discurso con: "Continúa trabajando bien, como hasta ahora", y despide a Pedro, sin que éste se entere bien a bien de dónde vino el golpe.

Ésta también es una de las técnicas favoritas de los padres y maestros. Y nos hemos condicionado tanto a su uso desde la más temprana infancia que cuando nos halagan, automáticamente nos preparamos para el choque, la reprobación.

En lugar de funcionar como unión entre los demás, es posible que el halago, en realidad, distancie. En una sociedad que llena nuestra vida diaria con tantos contactos, necesitamos encontrar la manera de establecer la distancia, el espacio psicológico entre nosotros y los demás. El halago es una de las formas más efectivas debido a que, cuando evaluamos a las personas, no es probable que ganemos proximidad emocional con ellas. Vea por usted mismo si el halago no tiende a detener, separar, mientras que otras conductas, tales como escuchar, tienden a incluir, a abarcar.

En lugar de abrir la puerta a un mayor contacto, el halago quizá sea una forma de terminarlo. Piense con qué frecuencia utilizamos el halago como señal de que una conversación o entrevista ha concluido. "Me da mucho gusto haber hablado contigo", significa: "Ya terminé de hablar contigo." Y: "Vas bien, continúa trabajando así", por lo general señala el final de una conversación.

Cuando el halago importa

El halago también ayuda a conservar patrones relativamente estables de las relaciones entre los integrantes de una empresa, lo que permite que las jerarquías o estructuras se mantengan. ¿Cómo funciona el halago para este fin? Vamos a tomar como ejemplo una junta de comité para la solución de problemas que incluye al vicepresidente ejecutivo en uno de los extremos de la jerarquía y a un nuevo asistente en el otro. Si el asistente plantea la idea más brillante y útil, debe encontrarse alguna forma de aceptarla sin disminuir la condición del vicepresidente a los ojos del grupo, pues así la estabilidad del grupo se vería amenazada. De manera intuitiva, es posible que el vicepresidente le diga al joven asistente: "Ésa es una muy buen idea. Nos resultará útil."

Este acto de halago, que no es tan sencillo de llevar a cabo, ha resuelto la situación de manera agradable. El nivel se mantiene (porque, como recordaremos, el halago es una forma de reclamar posición superior); se le recuerda al joven asistente su lugar dentro de la jerarquía y se restaura un equilibrio conveniente en el grupo. En esta situación y otras similares, el halago funciona como un lubricante que ayuda a mantener las relaciones humanas en buen estado.

La cuestión fundamental respecto al halago tiene que ver con la credibilidad, que se ha deteriorado debido a que se utiliza para muchos propósitos diferentes al de simplemente expresar apreciación. Pero en aquellas ocasiones, demasiado infrecuentes, en que resulta creíble, por ejemplo, cuando leemos una carta dirigida a un tercero en que el autor habla muy bien de nosotros, sin saber que alguna vez leeremos la carta, el halago resulta, en verdad, bienvenido.

PARTE CUATRO

La política de la administración

13

Todos los actos son políticos

Siempre he considerado que me dedico al negocio de la liberación humana. Sin embargo, a través de los años, mientras trabajaba como psicólogo, terapeuta o asesor, he tratado de "curar" a homosexuales, enseñar a los jefes a "administrar" a sus empleados, capacitar maestros para "manejar" a sus alumnos y ayudar a los padres a "controlar" a sus hijos. En cada caso, me puse al servicio de los poderosos contra los débiles y lo hice en nombre de un intento profesional por la liberación humana.

Esas experiencias hicieron que reconsiderara mi conducta como administrador. He llegado a la conclusión de que cada acto de administración constituye un acto político. Con esto quiero decir que todo acto de administración redistribuye o refuerza de alguna manera el poder. Como administradores, en ocasiones participamos de estos actos conscientemente, como cuando en Estados Unidos nos ocupamos en promover a los afroestadounidenses y a otras minorías por encima de sus contrapartes blancas. Pero, con frecuencia, llevamos a cabo estos actos de modo inconsciente, por ejemplo cuando en una reunión dirigimos nuestra conversación más a los hombres que a las mujeres.

He aquí algunos otros ejemplos de actos políticos que tal vez atestigüemos en una organización: contratar a una mujer como secretaria y a un hombre como instructor de administración. Cambiar la situación contractual de los empleados a trabajo de tiempo parcial para evitar pagarles prestaciones. Mantener salarios diferentes para hombres y mujeres. Contratar a un pariente. Construir una rampa para los

71

trabajadores discapacitados. Mantener vigilada una oficina en el rincón. Publicar un anuncio que muestre a una mujer admirando su ropa limpia. Jubilar a las personas a la edad de sesenta y cinco años o, a menudo, más jóvenes.

Cuando una amiga mía tuvo a su bebé, decidió renunciar a su puesto como vicepresidenta en una compañía e iniciar una actividad empresarial que le permitiera trabajar casi por completo desde su hogar. Quería estar con su hijo durante sus primeros años. Esto constituyó un acto político, al igual que las acciones que toman muchas empresas en la actualidad para evitar que mujeres con hijos pequeños abandonen sus empleos: compartir puestos, horarios flexibles, trabajo en casa, servicios de atención infantil.

Por su propio bien

Nuestra incapacidad como administradores para pensar en términos políticos tiende a hacernos ver a los demás como si ellos tuvieran problemas personales, cuando, en muchas ocasiones, sus dificultades son el resultado del lugar que ocupan en la estructura de poder de nuestra sociedad. La vida moderna abruma a la gente de muchas maneras, y éstas son independientes de cualquier cualidad personal. Se les introduce por la fuerza en paisajes urbanos atestados, o en suburbios aislados o solitarios, o se les abruma con los efectos de la responsabilidad de ser padres durante las veinticuatro horas del día. Es más factible que los cambios en su situación mejoren su suerte en esta vida, que aconsejarlos como si sus problemas fueran cuestiones de personalidad o carácter. De manera similar, realizar transformaciones en el entorno laboral —rediseñar la distribución de la oficina, modificar las relaciones de subordinación, tener horarios diferentes— permite mayores probabilidades de lograr un cambio de comportamiento que, por ejemplo, los cursos de capacitación para administradores.

Cierta secretaria ejecutiva, a quien se le tenía en alta estima, empezó a cometer muchos errores en su trabajo. Se le entrenó y asesoró sin ningún resultado. Por último, debido a que otro ejecutivo tenía mucho trabajo y no contaba con alguien que le ayudara, fue transferida para trabajar con él. Para alivio de todos, ella recuperó su antiguo nivel de eficiencia e incluso sobrepasó su calidad de excelencia original. Un nuevo entorno y nuevas relaciones era todo lo que se necesitaba.

¿Quiénes son los administradores que evitan que sus empleados se desempeñen al máximo como resultado de una discriminación política? Todos, y lo hacemos sin tener conciencia de ello. Muy a menudo, estos actos se llevan a cabo con la mejor de las intenciones. Existe una historia, por ejemplo, de leyes promulgadas por legisladores masculinos para proteger a la mujer en el lugar de trabajo, que evita que tengan que cargar paquetes pesados, les garantiza periodos de descanso para tomar café, les proporciona catres en los vestidores y declara ilegal requerirles que trabajen horas extras.

Pero esa misma legislación ha "protegido" a las mujeres dentro de una situación de segunda clase y ha sumido a muchas de ellas en la pobreza. Aun en la actualidad, las mujeres ganan solamente el 75 por ciento del salario que obtienen los hombres por el mismo trabajo. De manera sistemática se les excluye de los puestos superiores, porque para muchos administradores resulta difícil ver cómo a alguien que debe tener un catre en su vestidor o no trabaja tiempo extra podría colocársele en una posición de liderazgo.

Es por ello que gozamos de derechos civiles, no sólo para protegernos de gente mala, sino para protegernos también de las buenas personas, de los individuos que creen conocer lo que es bueno para nosotros. Después de todo, los tiranos siempre han actuado en el mejor interés de sus pueblos, o así lo han pensado.

La característica importante

Después de haber elevado un poco mi conciencia política acerca de estas cuestiones, ahora soy capaz de reconocer que cuando me siento al otro lado del escritorio de una mujer, la abrumadora característica de su vida sigue siendo que *es* mujer. Es probable que este hecho, por sí solo, sea más importante para sus experiencias en la vida que su personalidad, carácter o comportamiento. Lo mismo se aplica a los hombres.

En una discusión de un grupo de hombres a la que asistí una vez, uno de ellos dijo que le gustaría hablar acerca de lo que se siente estar en los sanitarios de caballeros (en donde los mingitorios se encuentran empotrados en la pared y cuando se encuentran atestados, hay que hacer filas frente a cada uno en espera del turno). Algunas veces, cuando un hombre llega al principio de la fila y siente la presión de aquellos que esperan detrás de él, le resulta difícil iniciar su flujo urinario. En segundos, empieza a sentir pánico y, en algunas ocasiones, mejor se sube el cierre y se va antes que enfrentar la humillación de estar de pie ahí tanto tiempo y tener a todos los de atrás empezándose a preguntar qué ocurre.

¿Por qué, preguntó este hombre, se supone que seamos tan talentosos para esto? Y, desde luego, la respuesta fue que forma parte de otras grandes presiones sobre los hombres para producir y desempeñarse. Los integrantes del grupo descubrieron el poder de los roles sexuales en áreas de sus vidas que nunca habían considerado.

Un ejercicio útil

Es entendible que los administradores se resistan a tener que pensar en términos políticos, pero la alternativa es lanzarse precipitadamente en problemas que no vemos aproximarse. Algunas veces los resultados son costosos, como ocurre cuando las empleadas entablan demandas por hostigamiento sexual. Pero las consecuencias políticas van mucho más allá de la política sexual.

Una vez hice participar a un grupo de administradores en un ejercicio que tenía la finalidad de comprender mejor el desafío que encaraban. En la parte superior de un pizarrón se hizo una lista de los grupos representados por los movimientos de liberación en esa época (afroestadounidenses, latinos, asiáticos, mujeres, hombres, niños, homosexuales, discapacitados, y así sucesivamente). Abajo, otra lista incluía las áreas de toma de decisiones dentro de la administración (reclutamiento, dotación de personal, capacitación, compensación, producción, mercadotecnia, publicidad, instalaciones, comunicación, etc.). Después dibujamos unas líneas verticales y horizontales en el pizarrón para crear una matriz en la que cada cuadro representara la interacción de un área de administración con un grupo de liberación.

Pronto nos vimos envueltos en una discusión muy animada de los problemas creados o las ventajas otorgadas a estos grupos en cada área administrativa. Por ejemplo, en la intersección entre instalaciones y mujeres, los participantes hablaron sobre el diseño del espacio en las oficinas, lo que se ha denominado peyorativamente como un "gallinero", un apiñamiento de secretarias y asistentes en un área sin ventanas, rodeada por despachos privados para ejecutivos. Hablaron sobre los reclutadores que no aceptan solicitudes de grupos como los discapacitados; de los administradores que seleccionan una ubicación para la planta que crea dificultades en el transporte para grupos de las zonas urbanas sobrepobladas; que automatizan la producción, con la consecuente reducción del poder de los sindicatos y organizaciones de trabajadores; que no ascienden a empleados que tienen sobrepeso, etcétera. La lista de situaciones que este ejercicio genera es prácticamente interminable, lo que lo convierte en una herramienta para iluminar y despertar conciencia.

Dicha forma de pensar nunca será sencilla para nosotros debido a que es imposible predecir cuál será el siguiente grupo que planteará sus demandas de liberación. Pero es posible mantener abiertas y sensibles nuestras mentes, recordando que no debemos descartar nuevas demandas simplemente porque no esperábamos que *ese* grupo se mostrara descontento. En sus inicios, todas estas demandas han parecido, a la mayoría de la gente, equivocadas, desconcertantes, injustas, impertinentes e incluso ridículas. Con el tiempo, hemos aprendido que esta percepción cambia.

Un acto de equilibrio

Sería muy ingenuo sugerir que una mayor conciencia política aparecerá sin contratiempos. En realidad, últimamente nos hemos metido en un predicamento inquietante. Luchar por los derechos de los grupos especiales ha contribuido a una erosión de la civilidad que ninguno de nosotros previó. Cuando se trata a las personas como representantes de determinado grupo, la sociedad se fragmenta. Es posible, incluso, que dicho progreso en los derechos se haya realizado a costa del bienestar común. La enemistad crece entre los grupos a medida que compiten por sus derechos. En lugar de ver por toda la comunidad, cada grupo considera sólo su interés particular. El bienestar común sufre. El logro y preservación de la comunidad debe convertirse en nuestra mayor prioridad. De otra manera, el concepto de derechos no tendrá ningún significado. ¿Derechos a qué, si no es al acceso a la comunidad?

En algunas ocasiones, darse cuenta de que cada acción constituye un acto político parece paralizantemente absurdo y las exigencias de los grupos complican todavía más las ya complejas realidades que los administradores enfrentan todos los días. Sin embargo, no es posible alejarnos de ellas. Por el contrario, debemos equilibrar la forma en que nos adaptamos a ellas a través de un ejercicio de opinión que asegure la estabilidad y éxito de la organización en su conjunto.

14

El mejor recurso para la solución de cualquier problema es la persona o grupo que plantea el problema

LOS EXCONVICTOS ESTÁN MEJOR capacitados para rehabilitar a los internos de una prisión que el personal de ésta. Los ex drogadictos tienen mayor éxito en alejar a otros adictos de las drogas que los psiquiatras. Los estudiantes aprenden más entre sí que de sus profesores. La gente tiende a ser mucho más perceptiva acerca de sus propias situaciones que lo que somos capaces de reconocer. Después de todo, una comprensión total de cualquier problema se encuentra sólo en manos de las personas que lo han experimentado.

A principios de la década de los 40, cuando Carl Rogers sostuvo que las personas con problemas quizá se encontraban en mejor posición de saber qué hacer al respecto, el mundo profesional reaccionó con incredulidad y lo ridiculizó. ¿Cómo era posible que la misma gente que sufría un problema sabría cómo resolverlo? Esta idea era casi una herejía para los profesionales entrenados en pensar que los problemas sólo se resolvían por medio de la aplicación de sus capacidades analíticas y técnicas terapéuticas.

Pero esta idea ha adquirido desde entonces aceptación en prácticamente todas las áreas profesionales, incluyendo la administración. No se practica de manera uniforme, por supuesto, debido a que, en algunas ocasiones, los expertos sí ayudan y muchos de los que tienen problemas no son siempre los mejores jueces de las situaciones que viven.

Sin embargo, las ideas de Rogers, que en una época parecieron absurdas, en la actualidad gozan de amplia aceptación.

Los encargados de planear las comunidades, por ejemplo, reconocen la eficacia de interesar a la gente para quienes se hacen los planes en cada etapa del proceso. Esto conduce no sólo a una aceptación más amplia del plan, sino que lo mejora, debido a que estas personas tienen a menudo una intuición muy clara de aspectos que los profesionales no habían evaluado por completo.

La validación más clara de este enfoque es la proliferación de grupos de autoayuda. Alcohólicos Anónimos, el más famoso de estos grupos que se reúnen sin liderazgo profesional, tiene evidentemente mejores resultados respecto a mantener a la gente alejada del alcohol que los profesionales dedicados a dicho esfuerzo. Existen en la actualidad miles de organizaciones de autoayuda que llegan a muchos millones de personas, desde los Weight Watchers a Padres sin Pareja o Jugadores Anónimos. Cada uno de ellos demuestra el poder de los individuos que se ven acosados por un problema y, sin embargo, son capaces de ayudarse mutuamente en formas que los profesionales todavía no han aprendido.

Se puede confiar en esta gente porque dentro de todos nosotros yace un dominio de roles que rara vez, si acaso, actuamos, y cada uno de ellos requiere técnicas complejas que de alguna manera hemos aprendido a lo largo del curso natural de nuestras vidas. Ésta es la razón básica por la que algunos administradores llegan a ser eficientes aun cuando jamás hayan tenido un solo día de capacitación formal. Ya saben cómo hacerlo.

AMPLIAMENTE APROBADO, RARA VEZ PRACTICADO

La administración participativa, que consiste en que las personas que deben realizar el trabajo tomen parte en las decisiones que les afectan, se basa en la idea de los demás son mejores de lo que creemos y que es posible contar con ellos para tomar decisiones acertadas. Una cantidad considerable de investigaciones demuestra que la gente aprende más rápido, produce más y se siente más motivada cuando se emplean los métodos participativos. El desafío que se presenta para la administración es cómo aprovechar este poderoso recurso. Nadie conoce hasta dónde puede llegar el desempeño cuando se introducen las expectativas adecuadas y se pone en práctica la arquitectura social adecuada.

Pero existe otra paradoja: si bien muchos están ampliamente de acuerdo con el enfoque participativo, rara vez se pone en práctica. Las compañías experimentan con él, pero sólo unas cuantas emplean la administración participativa de manera continua y en toda la organización. ¿Por qué? Una de las respuestas, desde luego, es que a los administradores no les gusta degradar su propia experiencia y conocimientos y asumir que el grupo es capaz de hacerlo mejor. Aunque también existen otras razones.

La administración participativa depende de la confianza en el grupo. La mayoría de los administradores simplemente no posee esa confianza y no tiene tiempo para mejorarla. Aun cuando se consulta a los equipos, éstos no siempre creen en sí mismos por lo que, es posible que se resistan a la idea de la participación. Además, hay que aceptarlo, lleva una cantidad extraordinaria de tiempo y paciencia obtener un grupo capaz de practicar la administración participativa. Se debe tener la paciencia de un santo para tolerar reuniones en las que el grupo quizá pase treinta minutos hablando sobre la cafetera.

Las empresas también tienen dificultades al tratar de seguir ideas de administración participativa demasiado simplistas ya que no reconocen las complejidades del comportamiento organizacional. Muchas compañías son incapaces de admitir que el enfoque participativo requiere un líder un poco diferente que sintonice con los trasfondos y agendas ocultas que acompañan a toda reunión.

Por último, los administradores que experimentan con los métodos participativos se arriesgan a que haya abusos. Los grupos que ponen a prueba la capacidad de sus líderes para escucharlos o aceptar sus ideas los humillan pues resisten sus intentos de provocar la participación. En dichas situaciones, los administradores que tratan de obtener ideas, a menudo se convierten en el foco de las quejas del grupo. Algunas veces, provocan, incluso, una hostilidad abierta.

Mary Douglas, la famosa antropóloga británica, una vez me explicó que los sistemas participativos difieren de manera importante de los jerárquicos no sólo en la forma en que se evalúan los riesgos y se toman las decisiones, sino también en la manera en que tratan a la gente. La introducción de sistemas altamente participativos tiende a atraer ataques sobre los miembros más fuertes, a menudo los líderes, mientras que los sistemas más jerárquicos provocan ataques sobre los miembros más débiles.

Recuerdo haber asesorado a una universidad en la que el decano de una de las facultades se había comprometido a aplicar el enfoque participativo. Todas las cuestiones sobre las que era necesario tomar alguna decisión se presentaban ante los estudiantes y maestros. Los estudiantes de primer grado estaban impresionados porque se les permitía expresarse de manera tan libre, desafiar al decano e incluso decir obscenidades frente a él y que esto no les acarreara consecuencias. Resultaba tan estimulante para los jóvenes que descuidaron valorar el efecto debilitante que se ejercía sobre el decano. Cada generación que ingresaba pasaba más o menos por el mismo ritual, probando y abusando del líder. Durante un periodo de dos años, fui testigo del desgaste gradual del decano, que había llevado a cabo el experimento con energía y entusiasmo incomparables. Renunció a su puesto al tercer año y el programa regresó a la forma tradicional.

CONSERVACIÓN DE LOS RECURSOS HUMANOS

Esa experiencia fue una de muchas que me condujo a asumir lo que denominaría el enfoque de *conservación de los recursos* para asesorar grupos. En la actualidad, tiendo a iniciar mis asesorías pidiéndole al grupo que identifique sus recursos más valiosos; éstos son, típicamente, los humanos, por lo general el líder del grupo y sus individuos más creativos. Después exploro con el grupo las formas en que es posible proteger estos recursos, mejorarlos y conservarlos.

Con mayor frecuencia de lo que se pensaría el grupo se da cuenta por sí mismo de que estos individuos requieren expresiones de apreciación, reconocimiento e incluso deferencia. A menudo, el grupo mismo descubre formas de respetar las necesidades especiales de cada elemento; por ejemplo, comprender que en ocasiones algunos necesitan cerrar la puerta o trabajar a horas poco usuales. En lugar de quejarse acerca de los estilos de liderazgo, hábitos de trabajo o idiosincrasias de sus colegas, se diseñan maneras para darles cabida. El proceso proporciona una base para construir intercambios de opiniones acerca de cuestiones fundamentales.

PARTE CINCO

Predicamentos organizacionales

15

Las organizaciones que más necesitan ayuda son las que menos se benefician cuando la reciben

Las compañías que tienen muchos problemas, por lo general, no buscan ayuda. Y cuando lo hacen, les resulta muy difícil beneficiarse de ella. La situación se asemeja a la de una psicoterapia. Habitualmente, la psicoterapia no es efectiva para personas que sufren graves enfermedades mentales; funciona mejor para quienes se encuentran bien. Mientras más sano se esté en términos psicológicos, o mientras menos parezca necesitar un cambio, más podrá cambiar.

No es por casualidad que la mayoría de los psicoterapeutas no trabajen en hospitales psiquiátricos, sino que, por el contrario, tengan consultorios en donde reciben a pacientes que están relativamente bien. Los psicoterapeutas tienen mucho más que ofrecerles a estas personas. De la misma manera, los asesores administrativos trabajan más a menudo con empresas relativamente sanas. Rara vez se les llama para trabajar en las que tienen muchos problemas y, en realidad, a éstas tienen muy poco que ofrecerles.

El papel esencial del asesor es poner un espejo frente a la organización para reflejar los procesos que tal vez estén limitando su crecimiento. Como es de esperarse, las cuestiones más importantes se centran alrededor del liderazgo, no en el desempeño de los trabajadores en general. No es de extrañar, entonces, que los líderes de compañías que padecen problemas graves tiendan a evitar a los asesores. Saben que deberán llevar a cabo un serio autoexamen.

Buscar la salida fácil

Con mucha frecuencia lo que ocasiona problemas en las empresas son los estilos incorrectos de liderazgo, las relaciones internas deficientes y los puntos débiles en la administración. La falsa ilusión de una compañía en problemas es que se salvará sin tener que realizar cambios en estas áreas altamente personales. Quizá el mercado cambiará de tendencia, nos harán un préstamo, habrá una nueva técnica aplicable para manejar a un empleado conflictivo, los competidores se rendirán o el nuevo producto tendrá éxito.

La esperanza es que ningún integrante de la organización tenga que hacer cambios drásticos en la forma de trabajar o en sus creencias personales acerca de sí mismos y el proceso de toma de decisiones. De este modo, aun cuando las compañías en problemas recurran a los expertos, muy a menudo los administradores buscarán soluciones impersonales: mejores formas de seleccionar a nuevos ejecutivos, una nueva fórmula para el éxito, una nueva serie de charlas para infundir ánimo. Rara vez están preparados para el autoexamen intensivo que con tanta frecuencia es imprescindible para llegar al núcleo del problema.

Calamidad frente a bonanza

¿Qué sucede con la creencia de que una crisis hará entrar en razón a las organizaciones y las convencerá de que necesitan ayuda, de que cuando los problemas alcancen proporciones desastrosas, la gente se verá forzada a autoexaminarse? Eso no es necesariamente así.

Si bien es cierto que una crisis a menudo obliga al cambio, y (como veremos en un capítulo posterior) las catástrofes a veces resultan muy útiles para una organización, ninguna aumenta las probabilidades de que ésta inicie un proceso de verdadero autoexamen. La resistencia es simplemente demasiado fuerte, demasiado profunda. Lo que resulta más factible es que se lleven a cabo despidos masivos; los accionistas obligarán a cambiar a los líderes; se aplicará una reorganización radical y, en ocasiones, necesaria desde hace mucho tiempo. Pero, con toda seguridad, las maneras en que sería útil un asesor en administración no atraerán demasiado la atención en esta etapa de los acontecimientos.

En el otro extremo del espectro del éxito, cuando las ganancias son abundantes debido a que la compañía ha dado con un producto exitoso o capturado una participación de mercado extraordinariamente grande, casi cualquier práctica administrativa resulta aceptable. La prosperidad económica fomenta la magnanimidad hacia los empleados, pero no siempre es el mejor clima para hacer una autoevaluación.

De modo que, por "organización sana" no necesariamente me refiero a una que disfrute de una buena etapa de prosperidad. En una compañía que goce de una etapa de bonanza, es posible que casi cualquier práctica administrativa funcione. En efecto, es común que los líderes de dichas empresas atribuyan su éxito a esas prácticas que tal vez no resultarían igualmente efectivas en un clima de negocios menos favorable.

Quién cambia, quién no

Aunque los líderes de las compañías algunas veces contratan asesores para que les ayuden a hacer cambiar a los empleados, la paradoja yace en que la gente que más desean que cambie, cambiará menos. Por el contrario, esa responsabilidad, por lo general, recae en los propios líderes, debido a que son más capaces de llevar a cabo el cambio.

Esta experiencia resultará frustrante para el líder. En cierta ocasión asesoré a una empresa cuyo presidente estaba descontento con el comportamiento de uno de los integrantes del equipo de alta dirección y quería que yo le allanara el camino haciendo cambiar a este ejecutivo. Resultó que dicho miembro conflictivo del equipo era también la persona más creativa y trabajadora de la organización y responsable del área más importante de la compañía. Aunque, en efecto, debo reconocer que era intransigente.

Debido a su extraordinario valor para la empresa y a la, al parecer, nula esperanza de que alguna vez cambiara, decidí trabajar con el presidente para que adaptara su propio comportamiento y se ajustara a esta persona. Si bien es posible que esto parezca injusto, el presidente era el único capaz de realizar los cambios necesarios y mantener productiva a la organización.

Es típico que la gente quiera que los demás cambien y, a menudo, por una buena razón. Sin embargo, para el asesor, la regla general es que la persona que *puede* cambiar es con quien se debe trabajar; por lo general se trata, en primer lugar, del individuo que informó de la situación al asesor. Lo absurdo, pero que resulta lógicamente práctico, es pedirle a la gente que menos necesita cambiar que sea la que cambie.

16

Los individuos son casi indestructibles, pero las empresas son muy frágiles

Me ha impresionado una y otra vez darme cuenta de que los individuos son muy fuertes, pero que las organizaciones que son clave para su sobrevivencia son muy frágiles.

Aun las situaciones más intensas, polémicas y, en ocasiones, traumáticas, rara vez dañan al individuo. Sí, existe el dolor, pero rara vez se trata de un daño permanente. Las personas sobreviven a los más devastadores desastres naturales en relativamente buena forma psicológica, pero las relaciones se destruyen con una sola palabra fuerte, con un solo acto. Esto tiene implicaciones importantes para las empresas, en particular para las pequeñas. Muchos negocios fracasan debido a relaciones rotas entre los principales participantes.

Las ideas comúnmente albergadas acerca de la fragilidad de los individuos nos llevó a tratar a la gente que padeció experiencias terribles, como el holocausto judío en la Segunda Guerra Mundial, como si se tratara de mercancías dañadas. Compensamos su dolor considerándolas como poco menos que plenamente capaces. (Esto no quiere decir que la gente no sufra; sin embargo, no resulta tan dañada como para que funcione a un nivel inferior de lo normal.) Una de mis ex alumnas, Edith Egers, sobreviviente de Auschwitz, descubrió lo anterior cuando conducía una investigación acerca de otros sobrevivientes del holocausto. Si bien les habían quedado huellas muy profundas, en todas las mediciones de adaptación a la vida y personalidad, funcionaban tan bien o mejor que otros que no habían sufrido experiencias tan traumáticas.

Monolitos frágiles

Los individuos son muy fuertes, no así las organizaciones. Parte de la razón por la que no reconocemos la vulnerabilidad de las empresas es que nos cuesta mucho trabajo creer que las relaciones que las hacen funcionar son reales. Incluso los psicólogos, en ocasiones, piensan en las compañías como si fueran simplemente colecciones de individuos. Pero las relaciones, los lazos entre la gente, son muy reales y tienen una vida propia. En gran medida determinan el comportamiento de una organización y de su gente.

Quizá también creamos que es posible abusar de las empresas debido a que todos hemos tenido experiencias con la burocracia que las hacen verse como monolitos, impenetrables a todos nuestros esfuerzos para hacerlas responder. Sentimos que no producimos ningún efecto ya que las organizaciones, sin importar lo que hagamos, serán capaces de absorberlo. Esto, desde luego, no es el caso. Un artículo sensacionalista en la prensa tiene el poder de dañar gravemente a la burocracia. Aun los grupos empresariales gigantescos que parecen indestructibles resultan muy afectados o incluso caen mediante un solo giro desafortunado de los acontecimientos, tal como en fechas recientes hemos visto con la quiebra de Dow-Corning (como resultado de las demandas penales resueltas a favor de las receptoras de los implantes de seno hechos con los silicones de la compañía), y con el cierre de Johns-Manville debido al litigio sobre los peligros para la salud provocados por los asbestos.

No todas las compañías merecen sobrevivir; sin embargo, deberíamos poner más atención como sociedad y apoyarlas. No debemos asumir que debido a que son grandes, también son invencibles. Una empresa en problemas o rumbo a la quiebra requiere por lo menos tanta atención como un individuo que tiene dificultades o es un fracasado. Después de todo, nuestras vidas dependen de las organizaciones. Para propósitos prácticos, en términos de nuestra capacidad para comprender y mejorar la forma en que la sociedad funciona, es posible que el individuo sea el enfoque erróneo de nuestra atención. Tal vez deberíamos prestar más atención a las constelaciones de individuos, grupos, familias y equipos de trabajo.

Mi experiencia me indica que la gente sufre más en sus vidas debido a relaciones fracasadas o conflictivas: rechazo de los padres, conflictos conyugales, dificultades con los jefes... O por la falta de relaciones: aislamiento, alienación, deterioro de la comunidad. Se concluye, entonces, que la mejor manera de tratar con los individuos es mejorar las relaciones.

17

Mientras mejores son las cosas, peor se sienten

Cuando como administradores tomamos medidas para mejorar determinada situación, esperamos que nuestros esfuerzos produzcan satisfacción para aquellos que tratamos de ayudar. Pero rara vez sucede así, y no durante mucho tiempo. La paradoja es que el mejoramiento en los asuntos humanos conduce no a la satisfacción, sino al descontento, aunque antes haya podido existir un descontento de un orden más elevado.

La historia de las revoluciones es un ejemplo. Las revoluciones comienzan no cuando las condiciones se encuentran en su peor momento, sino sólo después que han empezado a mejorar, se han instituido reformas, se fomentó el liderazgo, y el pueblo llega a tener una nueva visión de lo podría llegar a ser. Tal vez la gente se sentía muy desgraciada con anterioridad, pero no exhibía esa clase particular de descontento que proviene de esperar que la situación mejore. Esto es lo que los historiadores han denominado la *teoría de las expectativas en aumento*. Atiza el fuego de la revolución y el cambio debido a que crea una discrepancia entre lo que la gente tiene y lo que se da cuenta de que es posible tener. Esa discrepancia es el origen del descontento y el motor para el cambio.

La psicoterapia funciona de la misma manera. La terapia exitosa no conduce a la satisfacción, sino a nuevos y diferentes sentimientos de descontento. Es decir, a medida que las personas resuelven los problemas de orden inferior que las llevaron a la terapia, en lugar de estar satisfechas, empiezan a sentirse descontentas sobre cuestiones de un orden superior.

Lo anterior se demostró en un proyecto de investigación conducido por otra de mis ex alumnas, la psicóloga Marcine Johnson. En su estudio, los pacientes iniciaron su psicoterapia describiéndose a sí mismos en términos de bajo nivel: "Me siento fatigado la mayor parte del tiempo." "Me preocupa la seguridad de mi trabajo." Entonces, a medida que la terapia avanzaba, empezaron a expresar inquietudes de mediano nivel: "Los demás no me valoran suficientemente." "Necesito encontrar algunos amigos con quienes compartir cosas." Al final de la terapia, había aparecido un descontento de orden elevado: "Necesito enorgullecerme más de lo que soy." "¡Ojalá lograra algo más significativo!"

¿Por qué es importante comprender este fenómeno? Debido a que la motivación del cambio y crecimiento continuos se deriva de la aparición de descontento de una calidad superior, para después transferirse a la solución de problemas más importantes.

Escuchar las quejas

El psicólogo Abraham Maslow tenía una forma interesante de describir este fenómeno aplicado a la salud de las empresas. Aconsejó a los administradores que prestaran atención no a la presencia o ausencia de quejas, sino más bien a lo que provocaba las quejas de la gente, esto es, la calidad o nivel de la queja. Él las llamaba "refunfuños". En las organizaciones menos saludables, afirmaba Maslow, se esperan refunfuños de orden inferior: quejas acerca de las condiciones de trabajo, o sobre lo que él denominó "necesidades de deficiencia". Por ejemplo: "Hace mucho calor aquí." O: "No me pagan lo suficiente."

En una organización más sana, Maslow aseguró, refunfuñarían por asuntos de orden elevado, quejas que fueran más allá de la persona y se dirigieran a inquietudes más altruistas: "¿Te enteraste lo que le sucedió a los empleados de la planta dos? En realidad los engañaron." O: "Necesitamos mejores normas de seguridad en este lugar." Pero en una organización *muy* saludable, ocurrirían los "metarrefunfuños", quejas que tienen que ver con las necesidades de autorrealización: "No creo que mi talento se utilice plenamente." O: "No siento que tenga que ver mucho con los asuntos de este lugar."

He aquí el absurdo. Sólo en una organización donde la gente *tiene* que ver con lo que ocurre y donde sus talentos *se utilizan*, se le ocurriría a alguien quejarse acerca de estas cuestiones. Lo que esto significa para el administrador es que el mejoramiento no acarrea la satisfacción, sino lo contrario. Aunque parezca absurdo, la forma de juzgar si usted es eficiente es evaluar la calidad del descontento que genera, su capacidad para producir una traslación del descontento de orden inferior al de orden superior.

Es útil recordar lo anterior sin importar lo inocuo que parezca el concepto. La relajación en los códigos del vestir en muchas empresas ha hecho posible que en uno o más días a la semana, los empleados olviden los sacos y corbatas, o los vestidos y zapatos de tacón alto. Los administradores que esperaban a su personal complacido por dichos cambios en las políticas deben estar, en cambio, perplejos por la avalancha de exigencias, preguntas y quejas que han provocado.

No se trata sólo de que la nueva política confunda a las personas. Ellas simplemente hacen lo que harían normalmente aquellos cuya situación ha mejorado. Liberar los códigos del vestir hace surgir expectativas de otros cambios y ahora quieren más días informales, códigos menos estrictos y políticas más claras. Compadezcan al pobre administrador que no sea capaz de imaginar cómo una acción bien intencionada llevó a tantas quejas.

Una dinámica que nos deja atónitos

La paradoja de provocar expectativas nos ayuda a entender mejor por qué es precisamente en los mejores campus universitarios en donde existe mayor inquietud y exigencia de cambio; en las ciudades donde se encuentran los mayores avances en las relaciones raciales que se sufren tensiones más graves; y en los países que se abren paso hacia el cambio democrático donde surgen las exigencias más problemáticas de la población.

Los acontecimientos liberalizadores en Europa del este y China pueden interpretarse de este modo. La mayoría de los observadores de la convulsión europea creyeron que las demandas de mayor libertad eran consecuencia de la represión y frustraciones antiguas más purulentas. Pero si siguiéramos esa línea de razonamiento tan dentro de la lógica y el sentido común, entonces aquellos que habían sufrido la mayor represión y habían tenido los líderes más radicales de línea dura serían los que protestaran con más fuerza. Parece que esto no fue lo que sucedió. Los países europeos que padecieron el liderazgo más duro y más represivo de línea dura fueron los últimos en salirse de la órbita comunista. Las protestas no fueron tan fuertes en Rumania o Bulgaria como las que se produjeron en países tales como Alemania Democrática, Polonia, Hungría y Checoeslovaquia, donde hacía algún tiempo se había abandonado la línea dura. Y en la Unión Soviética, de manera irónica, fue el gran reformador Gorbachov, el arquitecto de la glasnot y la perestroika, a quien obligaron a dejar el gobierno.

Seguramente no se trata de una coincidencia que en China, las protestas en la plaza de Tiananmen surgieron después de que los líderes del país habían procurado abrir más a China al mundo, con medidas que tal vez ningún otro gobernante en la historia de esa nación había tomado. Esos líderes deben haberse sentido perplejos cuando fueron blanco de las protestas. Habían duplicado la riqueza de China en una década e instituido toda clase de reformas cuasi democráticas y capitalistas. ¿Y qué obtuvieron a cambio? Desde su perspectiva, ira, protestas, estudiantes desagradecidos. Pero en lugar de evaluar su éxito con base en la calidad del descontento creado, se enojaron y recurrieron a la represión masiva, para la que sus antecesores los habían preparado demasiado bien. Los estudiantes, al igual que sus contrapartes en Europa oriental, demandaban la remoción de los propios líderes que habían instituido las reformas en las que se basaban las nuevas expectativas.

En el matrimonio, quejas diferentes

La paradoja de provocar el surgimiento de expectativas también apoya el argumento de que los buenos matrimonios —es decir, aquellos que reflejan lo que la mayoría de la gente querría del matrimonio (amor y afecto, intereses comunes, una buena vida sexual, compromiso fuerte con los hijos, etcétera)— tienen mayores probabilidades de fracasar que los malos. Escuche las quejas de aquellos que acaban de divorciarse. Rara vez tendrá que oír algo acerca de brutalidad o abandono, sino que, por lo general, se trata de algo así: "Simplemente es que no nos comunicamos muy bien." "Las diferencias educativas entre nosotros eran demasiado grandes para superarlas." "Me sentía atrapado en la relación."

La gente contrae matrimonio con expectativas más elevadas que nunca. Las parejas, en la actualidad, esperan –incluso exigen– comunicación y comprensión, valores y objetivos compartidos, compañía intelectual, vida sexual plena, amor profundamente romántico, grandes momentos de intimidad; todas ellas cualidades que no formaban parte de las expectativas en años pasados. Cuando estas expectativas ascendentes no se cumplen, aun en los matrimonios que parecen ideales en muchos aspectos, se provoca un descontento de orden superior. Algunas veces el matrimonio en realidad produce estos momentos sublimes, sin embargo, las parejas continúan abrumando la relación con exigencias todavía más grandes.

Añadan a esto la idea estadounidense de que debemos tomar medidas siempre que sentimos que tenemos un "problema". Con mucha frecuencia, la única medida posible es lo que se denomina *acción terminal*. Somos incapaces de "arreglar" nuestros matrimonios, así que mejor los terminamos, en la creencia de que estamos actuando de manera responsable. La gente trata sus empleos de la misma manera. El descontento de orden superior y la necesidad que sienten de actuar lleva a muchos a renunciar a sus empleos. Sospecho que de forma bastante innecesaria. Tal vez, todo esto ayude a explicar el absurdo de que los segundos matrimonios son mejores que los primeros, ¡aunque duran menos!

PARTE SEIS

Dilemas del cambio

18

Creemos que deseamos la creatividad o el cambio, pero en realidad no es así

En mi experiencia como psicoterapeuta, continuamente tengo que lidiar con una paradoja fundamental: quienes llegan a la terapia parece que desean cambiar, pero pasan la mayor parte del tiempo resistiéndose a hacerlo. Los orígenes de esto se deben, cuando menos en parte, a la falta de voluntad para abandonar las imágenes que se han formado acerca de ellos mismos, imágenes que han crecido a lo largo de toda su existencia. Estas imágenes o conceptos sobre sí mismos son todo lo que poseen para identificarse. Resulta comprensible que abandonarlas les resulte profundamente amenazador.

Observo la misma resistencia al cambio en los programas de capacitación para administradores, cuando tanto individuos como grupos se colocan en situaciones donde existe la libertad de funcionar en forma diferente a lo acostumbrado. Los administradores toman parte en estas sesiones, presumiblemente debido a que desean experimentar algo nuevo en sus relaciones personales. Pero cuando se reúnen con el resto de los participantes se resisten a esa nueva experiencia a través de la creación de situaciones idénticas a las que no les agradan en la vida diaria. Parecen obligados a transformar las sesiones en el tipo más convencional de junta, con agendas, objetivos, liderazgo definido, etcétera. A menudo, los grupos tardan mucho tiempo en sentirse lo suficientemente seguros como para explorar formas diferentes de actuar.

Sofocar la creatividad

Aunque mucha gente cree lo contrario, es relativamente fácil estimular el surgimiento de ideas creativas. Muchas veces, todo lo que se requiere es presentar la petición, por ejemplo, en sesiones de lluvia de ideas. Pero las buenas ideas que resultan de dichos encuentros creativos son sólo una pequeña parte de lo que se necesita para instituir el cambio. *Poner en práctica* una idea es la tarea difícil.

Alguna vez dirigí una organización en la que llevamos a cabo nuestro mejor esfuerzo para alentar la innovación. Sin embargo, en ocasiones, sentí que si una persona más me proponía otra buena idea, iba a perder la poca compostura que aún conservaba, porque no sabía cómo manejar lo que ya tenía frente a mí. El problema fundamental respecto a la creatividad es que toda idea que sea verdaderamente nueva requiere que el administrador y la fuerza laboral se sometan a muchos cambios. De modo que no es de extrañar que la mayor parte de las organizaciones: escuelas, empresas, iglesias, etcétera, parezcan diseñadas para el propósito expreso de desalentar la creatividad.

También sofocamos la creatividad debido a que significa meterse en la fortaleza del inconsciente, el mundo de los sentimientos. Les tememos a las emociones, intimidad, vulnerabilidad. A menudo pensamos que los sentimientos son nuestros enemigos. Creemos que si se liberan nuestros sentimientos más profundos, esto implicará jugar con fuego. De modo que nos reprimimos a nosotros mismos y a los demás de todas las formas posibles.

Jugamos juegos intelectuales. "Define ese término." O: "¿Con qué autoridad reclamas eso?"

Juzgamos y evaluamos. "Estás utilizando demasiada pintura." O: "La vez pasada fue mejor." (Los administradores y los empleados temen tanto las evaluaciones de desempeño que éstas han llegado a no tener nada que ver con el rendimiento real.)

Actuamos en términos absolutos. "Siempre lo hemos hecho así." O: "Aquí no se hacen excepciones."

Pensamos en estereotipos. "Jamás trabajaría para una jefa." O: "Los hombres son racionales; las mujeres, intuitivas." Todos estos estereotipos condicionan nuestras reacciones y nos dificultan ver las posibilidades de cambio.

No confiamos en nuestra experiencia y capacitamos a nuestros empleados para que no confíen en la suya. Les decimos: "No estás listo para asumir esa responsabilidad", y gradualmente llegan a no tomar en cuenta su propia experiencia en favor de la opinión de los demás.

Que sea manejable, por favor

La verdadera creatividad, aquella que es responsable de los cambios significativos en nuestra sociedad, siempre infringe las reglas. Es por ello que resulta tan inmanejable y que, en muchas empresas, cuando se habla de que deseamos creatividad, en realidad nos referimos a la creatividad *manejable.* No queremos la creatividad pura, espectacular, radical, que requiere que cambiemos.

Así que cuando los maestros les piden a sus alumnos que sean creativos, lo que desean es que los niños tomen sus lápices de colores y dibujen en el papel, pero dan instrucciones para que pinten de determinada manera con el fin de colgar los trabajos resultantes muy ordenaditos en la pared el día de la junta de padres de familia. Desde luego, los maestros no quieren que los estudiantes dibujen fuera del papel y pinten la mesa.

Esa mentalidad se aplica incluso en la universidad. Pensamos en las universidades como el asiento de la creatividad, debido a que es ahí donde se preparan nuestras mejores mentes. Esperamos que el cuerpo docente y los alumnos funcionen de la manera más creativa posible. Pero, una vez más, estamos hablando de creatividad manejable. No es casualidad que los grandes logros en la creatividad humana, los descubrimientos y teorías que, fundamentalmente, han dado nueva forma a nuestro mundo, provengan de personas que en el momento de sus actos más creativos no se encontraban en las universidades, sino que laboraban de manera independiente o en instituciones pequeñas y poco ortodoxas. Pienso en individuos como Einstein, Freud, Gandhi, Marx, Darwin o Edison. Ellos trabajaban solos o en instituciones pequeñas y que existieron durante muy poco tiempo, como el Instituto Viena de Freud o el laboratorio de Edison. El arte y la arquitectura modernos empezaron fuera de las universidades, en lugares como la Bauhaus, que gradualmente se abrieron paso. La misma ciencia funcionó por siglos fuera de las universidades e ingresó en éstas sólo hace unos doscientos años.

Una vez que ocurre un gran descubrimiento, la institución educativa empieza a dedicarse a todo tipo de trabajo creativo alrededor de éste. Los científicos universitarios no crearon la ciencia de la genética, pero descubrieron el ADN. No inventaron la fórmula $E = MC^2$, pero la utilizaron para producir la primera reacción nuclear. En otras palabras, creatividad manejable.

La universidad tiene buenas razones para desempeñar este papel. Su propósito es educar a los jóvenes para que sean el reservorio de nuestro conocimiento, para salvaguardar las disciplinas, para servir como baluartes contra los esfuerzos políticos de cerrar la investigación. Para cumplir con estas funciones, debe perdurar, y para perdurar necesariamente tiene que ser conservadora ya que esto minimiza el riesgo y los cambios radicales. Por su propia naturaleza, no le es posible adoptar las ideas hasta que éstas han sido ampliamente aceptadas.

Organizarse de manera diferente

Una dinámica similar ocurre en las organizaciones de todo tipo, incluyendo a las de negocios. Si bien es posible que les agrade pensar que se crearon para fomentar la creatividad, las compañías grandes, en especial las que piensan que van a durar para siempre, no se permiten alentar los actos creativos como lo hacen las empresas nuevas y recientes.

Cuando una compañía desea estimular la creatividad, es posible que necesite organizarse de manera muy diferente. Xerox Park, una pequeña división independiente de la Xerox, fue responsable de algunos de los descubrimientos más radicales en ingeniería de la computación. En el famoso "Skunk Works" de Lockheed, también una división semiautónoma, líderes como Kelly Johnson y Ben Rich inventaron aeronaves mucho más avanzadas de lo que se creyó posible, incluyendo el avión espía U-2 y el cazabombardero invisible al radar.

Compañías como Xérox y Lockheed, y en la actualidad muchas otras, han aprendido que una gran dimensión es enemiga de la creatividad y están descubriendo formas de dividirse en unidades más flexibles. Siguiendo esa fórmula, aun dentro del contexto de una empresa grande, son capaces de ofrecer a sus líderes una mayor libertad para emprender caminos potencialmente creativos.

19

Deseamos no lo que nos falta, sino más de lo que ya tenemos

En mi época de universitario, trabajé en un pequeño proyecto en el que le pedía a la gente que describiera su ideal como personas. Uno de los sujetos de estudio era un atleta olímpico y me intrigaba que pareciera desear más de lo que ya tenía: una gran capacidad atlética. Otro individuo, un erudito brillante, quería más inteligencia, algo que ya constituía uno de sus puntos fuertes. Una y otra vez durante esa investigación me di cuenta de que lo que la gente quería no algo de lo que carecía —y que los demás consideraban importante que tuvieran—, sino más de lo que ya representaba su atributo especial.

Empecé a darme cuenta de este fenómeno en todas partes. Quizá quienes poseen una gran belleza aseguren que les gustaría ser apreciados por otras de sus cualidades, pero es a su belleza a lo que le prestan más atención. Los buenos oradores desearían ser más brillantes. Los poderosos anhelan más poder, etcétera.

Cuando trabajé con grupos de relaciones humanas en los que las personas describían lo que más deseaban para sí mismas, rara vez mencionaron cualidades que los demás, después, señalaron como ausentes de sus personalidades o desempeño. Se le preguntó a una mujer que era muy seria y serena, y parecía querer más de lo mismo para ella, si no sería importante experimentar desenfado, pasión y creatividad para hacer su vida más completa. A un hombre que dependía en gran medida de su sentido del humor, ingenio rápido y capacidad para bromear en todas las conversaciones, se le exhortó a experimentar ocasiones en las que se comportara con seriedad, meditara y fuera penetrante.

No se les pedía a estas dos personas que abandonaran aquello de lo que habían dependido durante tanto tiempo, sino que se les sugería que se permitieran experimentar otros comportamientos que tal vez enriquecerían sus vidas. Como Abraham Kaplan observó: "Si, como Sócrates afirmaba, la vida que no es puesta a prueba no es digna de vivirse, la vida que no se vive no es digna de examinarse." A pesar de esto, sólo unos cuantos estamos dispuestos a realizar este esfuerzo.

Señales de peligro que se pasan por alto

Durante años pertenecí a una empresa famosa por su labor en capacitación administrativa y relaciones humanas. En determinado momento, se encontró muy endeudada y le preocupaban las posibilidades de sobrevivir. La respuesta de sus líderes fue contratar a un asesor que les ayudara, de entre todos los temas posibles, a trabajar en el de las relaciones humanas internas. Aparentemente, creían que si sus relaciones interpersonales mejoraban, cualquier problema que los inquietara mejoraría.

Sugerí que tal vez sería mejor resolver el tema de acabar con las deudas. Pero mis comentarios cayeron en oídos sordos; continuaron invirtiendo dinero y tiempo en trabajar en el lado humano de la empresa. La compañía, decidida a volverse más apta en un área en donde ya era muy eficiente, dejó de atender una amenaza a su propia existencia. Y estuvo muy cerca de la quiebra.

En otra situación, fui uno de los primeros de los muchos asesores en ayudar a una empresa de alta tecnología en la Costa Este a experimentar organizando los equipos de trabajo. Esta tarea capturó rápidamente el interés del fundador y presidente de la compañía, un genio en la técnica de Caltech, responsable del perfeccionamiento del producto principal de la compañía, que ya dominaba el mercado. En realidad, llegó a fascinarse tanto con el éxito de los primeros equipos de trabajo que contrató más asesores, todos destacados en esa área, para que aportaran su experiencia. Los experimentos parecían tan exitosos que se escribió sobre ellos en publicaciones de negocios e incluso de difusión general.

Sin embargo, antes de que pasara mucho tiempo, la compañía empezó a perder su participación de mercado. Pero el presidente continuó absorto en el aspecto de las relaciones humanas del negocio. Le señalé que, en su impaciencia por explorar las fascinantes dimensiones humanas de la empresa, tal vez había descuidado áreas como la diversificación de productos, relaciones con las instituciones financieras, etcétera. Pero su énfasis en los experimentos —tan satisfactorios para él— continuó, hasta el punto en el que su compañía se acercó peligrosamente al borde del cierre.

PREPARAR EL ESCENARIO PARA LAS DIFICULTADES

La dificultad de todos nosotros es que estamos tan absortos en lo que hacemos bien que cerramos los ojos a lo que nos permitirá desempeñarnos mejor. El reto particular para los administradores consiste en permanecer alertas ante el hecho de que las organizaciones sólo allanan el camino de las dificultades cuando dependen exclusivamente de lo que ya llevan a cabo bien y dejan de notar lo que *en realidad* necesitan hacer.

20

Los grandes cambios son más sencillos de llevar a cabo que los pequeños

Si alguna vez hubo un padrino de la idea de la administración de lo absurdo, sin duda sería C. Northcote Parkinson, autor de la afamada ley de Parkinson: "El mundo se expande para llenar el tiempo disponible." También fue responsable de muchas otras intuiciones igual de ingeniosas e importantes acerca de lo absurdo de las organizaciones humanas.

Parkinson formuló la observación de que el tiempo que un comité tarda en discutir un punto del orden del día es inversamente proporcional a la cantidad de dinero que se gasta. Todos los que asisten a las reuniones de presupuesto reconocerán este fenómeno. Toma horas discutir asuntos menores, mientras que los más significativos se pasan por alto. Casi todos tienen algo sensato que decir acerca de un pequeño aspecto del presupuesto, pero pocos son capaces de ofrecer comentarios prudentes acerca de una cuestión que implica millones de dólares.

El director general de una compañía de electrónica de mediana dimensión una vez me dijo que era capaz de cambiar en un solo día la forma de su empresa, reducir el organigrama, y eliminar varios niveles de administración, pero se tardaba días en persuadir a alguien de mover tres metros su escritorio. Todos estamos dolorosamente conscientes del tiempo excesivo que se malgasta en cuestiones menores. Se le ha atribuido a Henry Kissinger el comentario de que la razón por la que las discusiones y disputas en las facultades universitarias consumen tanto tiempo y son tan enconadas es porque lo que está en juego tiene muy poco valor.

El caso contra el gradualismo

En la mayor parte de nuestros esfuerzos para promover el cambio se nos aconseja aplicar un enfoque gradual. La metáfora que se aplica en estos casos, gatear antes de caminar y caminar antes de correr, parece tener sentido común. Pero, tal vez en el área de los asuntos humanos no resulte ser el mejor consejo. El médico Dean Ornish, al argumentar en favor de un régimen estricto de dieta, afirma: "Es más fácil llevar a cabo los grandes cambios que los pequeños debido a que los beneficios son mucho más espectaculares y ocurren muy rápidamente."

Por ejemplo, cuando consideramos la lucha por los derechos civiles en Estados Unidos, no resulta tan claro que el gradualismo haya funcionado muy bien. El ritmo del cambio ha sido gradual, sin duda, pero si el gradualismo como estrategia resultó efectivo o no es un asunto polémico. Martin Luther King hablaba de "la droga tranquilizadora del gradualismo".

El acto audaz, que de manera más radical y rápida produjo la integración racial en una institución muy importante de la sociedad estadounidense, fue la derogación que efectuó el presidente Harry Truman de las leyes Jim Crow en las fuerzas armadas, que llevó a cabo por medio de un decreto. La segregación en el ejército se abolió no a través del gradualismo, sino por medio de un cambio inmediato, si bien es cierto que generó resistencia y resentimiento.

A la inversa, el enfoque gradualista para la integración racial se ha topado con resentimiento y resistencia al mismo tiempo que fracasó en su intento de provocar el cambio necesario. Si bien es evidente que los afroestadounidenses han logrado avances significativos desde la esclavitud, también es cierto que, con excepción de algunos casos especiales, las diferencias entre ellos y los blancos, en términos sociales y económicos, no se han reducido en décadas. La disparidad de ingresos todavía es sustancial, las comunidades distan mucho de estar integradas y el racismo aún constituye una fuerza poderosa.

Recuerdo que alguien me dijo, cuando comenzó en Estados Unidos el movimiento moderno de los derechos civiles, que quizá pasaría una generación completa antes de que los objetivos globales del movimiento se alcanzaran. Eso sucedió hace dos generaciones y todavía se observan pocos cambios en la forma en que los afroestadounidenses y los blancos conviven. El gran cambio que llevó a cabo Truman se sostuvo; los pequeños han sido mucho más fáciles de resistir.

Medidas audaces

En 1991 General Motors asombró al mundo de los negocios cuando anunció que cerraría veintiún plantas y despediría a setenta y cuatro mil empleados. A pesar de lo dolorosa que resultaba esta medida, ilustra a la perfección el caso de estar hecho para los grandes cambios. Los administradores de la compañía estaban convencidos de que debía llevarse a cabo una reducción considerable de personal. Pudieron elegir entre aplicarlo en una planta a la vez y de esa manera cosechar publicidad adversa y reacciones hostiles de los empleados a cada paso tortuoso del camino. O dejar todo esto atrás tan rápidamente como fuera posible y continuar con su propósito de recuperación. El éxito logrado mediante su "reducción instantánea de la fuerza de trabajo" no pasó inadvertido para otros grupos empresariales importantes, que pronto empezaron a hacer lo mismo.

Chiat/Day Advertising y Oticon Corporation de Estocolmo son compañías que pusieron en práctica cambios radicales en el diseño de sus operaciones. Ambas utilizaron tecnologías avanzadas de comunicación para cambiar a sistemas sin papel, reestructurar la administración, eliminar las oficinas privadas y convertirse en compañías "virtuales". Este cambio radical habría sido muy impresionante, aun si se hubiera alcanzado a lo largo de un periodo más o menos largo. Pero, en realidad, ambas compañías aplicaron todos los cambios de una vez.

Si los grandes cambios son más fáciles de hacer que los pequeños, eso no significa, por supuesto, que realizar dichos cambios resulte apropiado como estrategia general. Habitualmente, los análisis que ca-

recen de paciencia y cuidado influyen en las decisiones administrativas, grandes o pequeñas. Pero persiste el hecho de que la gente respeta
las medidas audaces y existe una mayor probabilidad de que se conven-
zan de un cambio si éste es lo suficientemente importante como para
resistir cualquier intento de contrarrestarlo.

21

Aprendemos no de nuestros fracasos sino de nuestros éxitos . . . y del fracaso de los demás

Con cuánta frecuencia todos hemos afirmado: "Nunca volveré a hacer eso." O: "No voy a volver a cometer el mismo error." Pero, por supuesto, repetimos una y otra vez los errores que cometimos en la escuela, en el matrimonio, en el trabajo y en la vida. Y, a pesar de todo, continuamos creyendo que aprendemos de dichos fracasos.

A la inversa, parece que estamos obsesionados por el éxito de los demás. Creemos que, de alguna manera, es posible aprender de su ejemplo. Gastamos mucho dinero en libros, conferencias y programas de capacitación que producen personas cuyo mayor éxito consiste, esencialmente, en vendernos la idea de que son exitosos. Los resultados son desdeñables, pero continuamos buscando fórmulas para el éxito.

Es probable que debamos abandonar esta búsqueda. Muchas teorías psicológicas nos orientarán en otra dirección: hacia la idea de que aprendemos de nuestros *propios* éxitos. Cuando logramos alcanzar una meta, el comportamiento que nos guió a dicho objetivo se refuerza o "aprende". Cuando nuestros éxitos son relativamente consistentes, el índice de aprendizaje se eleva en consecuencia. Pero, esperen. ¿No es verdad que la vida, como el béisbol, consiste en gran medida de fracasos? ¿No es cierto que fallamos mucho más de lo que acertamos? ¡Claro! Pero eso no significa que aprendamos de nuestros fracasos, ni que un bateador que "abanica" una pelota y falla, aprenda de ese fracaso.

Sin embargo, es importante que fracasemos. Necesitamos fallar a menudo. Si no, no pondremos a prueba nuestros límites.\Significa que no tomamos los riesgos necesarios para mejorar nuestro comportamiento. Los jugadores de tenis que nunca cometen doble falta juegan con mucha cautela. Los esquiadores que jamás se caen no esquían de acuerdo con su capacidad. Pero no aprendemos de esas experiencias de fracaso.

El aprendizaje a través del éxito ocurre cuando, como en el atletismo, uno participa en el juego, todo sale bien, cualquier cosa parece posible y usted se siente estimulado por sus logros. Cuando realizamos bien una serie de tareas, esto nos proporciona la fortaleza y el ánimo para continuar, lo que conduce a nuestros mayores éxitos. Por otro lado, una serie de fracasos nos desmoraliza.

Relacionarse con el fracaso

Si bien quizá creamos que nos motiva oír acerca de los éxitos de los demás, aunque usted no lo crea, pocas situaciones son más alentadoras o energizantes que enterarse o presenciar el fracaso de otros, en especial si se trata de un experto que falla. Pero existe una razón todavía más poderosa del porqué es posible aprender de los fracasos de los demás, además del simple placer de saber que un experto también es capaz de fallar. Tiene que ver con nuestra capacidad como seres humanos para relacionarnos mejor con la gente en sus fracasos que en sus éxitos y aprender más en el proceso.

Mi maestro y colega Carl Rogers solía decir que no tenía la menor idea de cómo hablarle a las personas, a menos que ellas se acercaran a él para contarle acerca de algún problema. Al principio pensé que se trataba de una limitación desafortunada de su personalidad. Pero entonces llegué a darme cuenta de que, hasta cierto punto, también era cierto con respecto a mí, que me relacionaba mucho mejor con la gente cuando me hablaba acerca de sus fracasos que cuando mencionaba sus éxitos.

Desde entonces, he observado que ésta es una característica de toda la gente. Sólo unos cuantos somos capaces de reaccionar ante el éxito de los demás con la misma sensibilidad y apertura que les ofreceríamos si fracasaran. De igual modo, pocos de nosotros poseemos la perspicacia o la honestidad de Gore Vidal, quien comentó: "Cuando un amigo triunfa, algo en mí muere." Pero también hay algo más. Reaccionar ante el fracaso parece acentuar lo bueno que hay dentro de nosotros. No se trata de que pretendamos que los demás sufran; es que conocemos mejor la manera de sentir empatía hacia las personas que sufren que hacia las que triunfan. Aun cuando aplaudamos y deseemos lo mejor para ese individuo afortunado, es menos sencillo para nosotros compartir la experiencia del éxito que la del fracaso.

Tal vez sea por eso que las habladurías constituyen una fuerza tan unificadora. Siempre nos referimos a los chismes en términos peyorativos; sin embargo, se trata probablemente de la experiencia que más construye comunidades y lazos sociales. El chisme rara vez gira alrededor de la descripción de los éxitos de los demás, porque compartir las historias de los problemas de otras personas es lo que nos une.

No está bajo nuestro control

En nuestra sociedad, tendemos a atribuir el éxito y el fracaso a nuestra conducta personal. Nos agrada personalizar este tema y, en consecuencia, establecemos sistemas de recompensas. Pero la mayor parte de nuestros éxitos y fracasos se debe a fuerzas que van más allá de nuestras posibilidades y que no controlamos. Otras sociedades, como la de Japón, son capaces de ver mejor esto que nosotros.

Si bien distinguimos a los individuos dignos de reconocimiento, los japoneses tienden más a reconocer los méritos del conjunto debido a que saben que el éxito rara vez se trata, en realidad, de una cuestión de logro individual y, por otra parte, les interesa fomentar las actitudes de cooperación entre los integrantes del grupo.

En ocasiones, el éxito es el resultado de la suerte. Las empresas que disfrutan de un periodo de abundancia, a menudo, atribuyen ese triunfo a determinada técnica de administración, cuando tal vez sólo se hayan posicionado de manera afortunada en el mercado. Incluso algunas de las compañías consideradas como las mejor administradas le deben mucho a la suerte. Si el Departamento de Justicia no hubiera entablado una demanda antimonopolista que obligó a IBM a salir del negocio favorito de su fundador —la perforación de tarjetas— sin duda IBM no se hubiera convertido en el líder en computadoras que es en la actualidad. El papel de la suerte en la vida se subestima mucho, pero tengan cuidado de no decirle esto a su director general. Como observó E. B. White: "Tener buena suerte no es algo a mencionar en presencia de quienes han alcanzado su posición gracias a sus propios esfuerzos."

A menudo pienso en un comentario que me hizo el ya fallecido Jonas Salk, creador de la vacuna contra la poliomielitis. En un tono pensativo, dijo: "Tengo que reconstruir mi vida a partir de las cenizas del éxito." El éxito y el fracaso están íntimamente relacionados. Se relacionan de la misma forma en que se relacionan las montañas y los valles. Se definen mutuamente. No es posible tener el uno sin el otro. Algunas veces lo que parece ser un éxito resulta, en realidad, un fracaso y viceversa. O uno conduce al otro. Y si el éxito se debe, al menos en parte, a la buena suerte, entonces el fracaso debe de ser consecuencia de la mala suerte. Es por ello que el éxito o el fracaso no son la única medida de los logros de los demás, o de los propios.

A VECES, RARA VEZ...

La idea de aprender de nuestros fracasos se basa en la noción de que sabemos sacar partido de nuestra propia experiencia, y que ésta es la mejor maestra. En cierto sentido, esto es evidentemente cierto, porque la experiencia es, en realidad, todo lo que tenemos. Pero aprender de la experiencia significa que es necesario procesarla de manera que se vuelva accesible para nosotros. Tenemos que analizarla. Y la mayoría, por una razón u otra, no lo hacemos. No le dedicamos tiempo y energía, no queremos conocer los aspectos desagradables, no nos agrada considerar con mayor detalle nuestros fracasos. La experiencia quizá sea la mejor maestra, pero rara vez lo es.

Robert Tannebaum, asesor organizacional, asegura que muchos altos ejecutivos, que han estado en sus puesto durante treinta años, no necesariamente cuentan con treinta años de experiencia, sino que, más bien, tienen un año de experiencia multiplicado por treinta.

22

Todo lo que intentamos funciona, y nada funciona

Siempre me ha desconcertado, y supongo que perturbado, el hecho de que determinados asesores en administración cuyos enfoques desdeño, de los que pienso que no están bien capacitados o que incluso tal vez sean poco éticos, parecen tener más o menos el mismo éxito en su trabajo que aquellos que más respeto. Es decir, en apariencia, poco importan las técnicas o enfoques que se traten de utilizar, todos funcionan. Cuando, además, tomo en cuenta el hecho innegable e inquietante de que cualquier cambio introducido por los asesores pronto se desvanecerá y olvidará, sin dejar casi ninguna huella de que alguna vez se instituyó, se presenta una paradoja interesante. En efecto, parecería que todo lo que intentamos funciona y, sin embargo, nada funciona.

Convivir con resultados de investigaciones que demuestran que todas las escuelas de terapia, aun aquellas que fundamentalmente, se oponen entre sí, producen, en esencia, los mismos resultados ha puesto en una posición algo embarazosa a los psicólogos. Alguien que reciba tratamiento mejora en la misma proporción, ya sea que se encuentre en psicoanálisis o en terapia de hipnosis, o cualquiera otra de las que en la actualidad suman cientos de formas diferentes de tratamiento. Aunque, al igual que ocurre con la asesoría en administración, los efectos son un poco ilusorios; es muy difícil mostrar cambios permanentes de conducta como resultado de alguno de estos enfoques.

Como no conoce este fenómeno, es posible que un asesor en administración proclame haber descubierto la forma "correcta" de dirigir una empresa después de inventar una técnica que, en apariencia, es bien recibida y produce el efecto deseado. El problema es que no importa en qué consiste dicha técnica, todas funcionan.

Esto se ve con mucha claridad durante los ejercicios de capacitación administrativa, en especial con las técnicas que se emplean para explorar las relaciones humanas. En la actualidad, hay innumerables manuales atiborrados de dichas técnicas. Estoy seguro de que todas funcionan. Incluso me imagino al líder de un grupo de capacitación administrativa diciendo: "Muy bien, voy a apagar las luces de la habitación, para que no podamos vernos, mientras continuamos abordando los temas que nos ocupan." Al final de la sesión, es probable que los participantes opinen que fue la mejor junta que hayan experimentado y que nunca habían obtenido tanto provecho de una conversación.

La reacción de los trabajadores tiene el poder de engañar fácilmente a los asesores o administradores que han instituido programas de capacitación. A menudo, los empleados piensan las cosas más asombrosamente entusiastas acerca de cualquier método o técnica que hayan tenido oportunidad de conocer, en especial si ha representado una especie de prueba difícil. No es extraño que opinen: "Esto ha cambiado mi vida, nunca volveré a ser el mismo. Es lo más maravilloso que me ha sucedido." No resulta fácil descartar estas palabras, en especial si se tienen grandes deseos de oírlas.

No existe la manera correcta

Los jóvenes administradores se entusiasman con las nuevas técnicas debido a que todavía tienen que aprender que todo funciona y nada funciona. Es por ello que el peor charlatán y el líder mesiánico más demente son capaces de atraer seguidores devotos y es la razón por la que toda moda pasajera captura un cierto número de administradores. Pero, desde luego, plantea un dilema al administrador responsable que, genuinamente, trata de resolver un problema. Las investigaciones sobre administración producen resultados bastante confusos. Parece que no existe la forma correcta de ser un administrador.

Líderes de todos los tipos disfrutan del mismo nivel de éxito y parte de la razón de esto es que los empleados tienen el poder de hacer que sus líderes se vean bien. Las empresas sobreviven porque la mayoría de la gente trata de desempeñarse lo mejor que puede y realizará el esfuerzo necesario para que el trabajo se lleve a cabo bajo cualquier circunstancia, sin importar el tipo de liderazgo a que la sometan. Siempre ha representado un enigma para los investigadores por qué un autócrata exigente y brusco es capaz de lograr, en general, los mismos resultados que un gerente amable, sensible y democrático. Algunos proponen que, cualquiera que sea su estilo de administración, si es auténticamente suyo, es congruente con su personalidad y, de este modo, alcanzará el éxito.

Otros opinan que el estilo es sólo la superficie de los principios sólidos de la administración: imparcialidad, integridad, tenacidad, sentir un respeto genuino e, incluso, afecto por el grupo, defender a sus integrantes, enseñarle una visión, trabajar arduamente, demostrar un verdadero compromiso con la tarea y la organización. Es por ello que tanto los administradores que tienen talento para iniciar un trabajo, pero no para continuarlo, como los que poseen una capacidad especial para ver todo el panorama, pero son incapaces de atender a los detalles, todos son exitosos. A menudo son sus empleados quienes compensan dichas diferencias y los que en realidad hacen que los administradores triunfen.

FÁCIL VIENE, FÁCIL SE VA

Si consideramos las secuelas de algunas de las más famosas investigaciones sobre administración, encontraremos amplias razones para dudar de la idea seductora, aunque engañosa, de que algo "funciona". Tom Peters y Robert Waterman, en su best-seller *In Search of Excellence,* hicieron una lista de las compañías que llevaban a cabo su trabajo de tal manera que les había ganado una posición de excelencia en el mercado. Sin embargo, no pasó mucho tiempo antes de que varias de esas empresas, que presumiblemente continuaban empleando esas supuestas prácticas efectivas, experimentaran considerables dificultades y dejaron de considerarse "excelentes".

Las clásicas investigaciones "Hawthorne", realizadas en la década de los 30, descubrieron que cuando los empleados reciben atención y creen que las tareas de la administración se diseñaron para ayudarlos, la productividad aumenta, aun en situaciones en las que se esperaría que sufriera un decremento. Se instaló un programa diseñado para prestar más atención a los obreros de la planta de Western Electric, en Hawthorne, Illinios, lugar en el que se llevó a cabo la investigación. Años después, F. J. Roethlisberger, uno de los coautores del estudio, me comentó muy frustrado: "Todo desapareció. No queda nada." Roethlisberger me explicó que cada una de las técnicas que él y su colega Elton Mayo aplicaron, a la larga se había abandonado. No quedaba huella del programa.

Los experimentos Hawthorne demuestran que es relativamente sencillo producir cambios en una situación experimental limitada. Sin embargo, como hemos visto por las consecuencias de ese mismo experimento, dichos cambios no tardan mucho en desaparecer.

SE REQUIERE PRÁCTICA

La gente es capaz de llevar a cabo cambios duraderos en ella misma sólo a través del compromiso con una disciplina continua. Por ejemplo, las dietas muy estrictas no funcionan; pero una modificación permanente de nuestros hábitos alimenticios, sí. Acudir a clínicas especializadas no funciona (después de que las visitas terminan); pero la práctica diaria del ejercicio, hacer gimnasia o levantamiento de pesas, sí. Lo mismo se aplica en la administración. El cambio duradero sólo proviene de la adopción de principios sólidos de administración que se practiquen permanente y continuamente. No existen las soluciones rápidas.

23

Planificar es una manera poco efectiva de provocar el cambio

En general, muchas empresas no tienen talento para cambiar. Es más frecuente que cambien como resultado de una invasión del exterior o de una rebelión del interior que como consecuencia de la planeación. Es posible argumentar que son los planes, y no la planeación, lo que resulta ineficaz. Desde luego, el proceso mismo de planeación es valioso. Pero la distinción tiene que ver con *hacer que se produzca el cambio*. Al respecto, ni los planes ni la planeación son especialmente eficaces.

La planeación se basa en la idea errónea de que es posible predecir el futuro. Sin embargo, el futuro casi siempre nos toma por sorpresa. Puesto que no existe una buena forma de predecir los acontecimientos futuros, tampoco existe una manera segura de planear para superarlos.

He aquí algunas otras razonas acerca del porqué los planes y la planeación no son muy útiles para producir el cambio.

Los integrantes de cualquier empresa tienden a cegarse ante aquellos aspectos de ésta que piden a gritos un cambio. A menudo no se dan cuenta de lo que es evidente para los demás. Es por ello que resulta tan fácil convertirse en experto en la organización de otros. Además, la compañía generalmente tiene interés en mantener el *statu quo,* incluyendo compromisos con los empleados y programas que tal vez ya no la ayuden. Cualquiera que tenga a su cargo la planeación no evitará ser influido por esta resistencia al cambio.

El proceso de planeación tiende a llevarse a cabo en los departamentos de bajo nivel, de modo que los planeadores no están familiarizados con las inquietudes de los niveles superiores de la organización. De esta manera, los planes no son verdaderamente estratégicos. Con mucha frecuencia, la planeación constituye un ritual vacío diseñado para que la administración sienta que algo está sucediendo en esa área. Los planes se elaboran, pero rara vez se ponen en práctica, se verifican y vuelven a verificarse contra las experiencias reales de la empresa. No es extraño que los planeadores se sientan constantemente frustrados.

El hecho de que la planeación, en términos generales, está confinada a un departamento es, en sí mismo, limitante. Cuando la planeación no constituye una función administrativa en todos los departamentos, no existe una aceptación generalizada dentro de la compañía. Los planes resultan estériles porque no han logrado convencer o no cuentan con la participación de la empresa en su conjunto.

El proceso de planeación, por lo general, no da cabida en sus planes a muchas presiones políticas que recaen en los administradores a cargo de la puesta en práctica de dichos planes. En la planeación urbana, por ejemplo, los constructores y otros grupos con intereses especiales que realizan contribuciones financieras a los políticos son capaces de conseguir la promulgación de leyes que se opongan a las mejores intenciones de los planeadores. Los ciudadanos que tratan de obtener un permiso de construcción de los departamentos de planeación urbana consideran muy poderosos a los que llevan a cabo la planeación. Pero aquellos que se encuentran dentro del departamento se sienten relativamente impotentes contra la influencia de intereses especiales. De manera semejante, los planeadores empresariales también se ven limitados por los consejeros que mantienen relaciones amigables con otros grupos empresariales, por ejecutivos que manejan proyectos menores que no se adecuan a los planes, por las relaciones informales o incluso secretas de la compañía con proveedores y competidores, etcétera.

Llevar a cabo los planes al pie de la letra por lo general requiere un control tan autoritario que se sofoca el espíritu humano. Las comunidades planeadas son un ejemplo de lo anterior. Son hermosas, limpias y ordenadas, pero sus habitantes tienen que pagar un precio. El precio de que el orden esté por encima de todo lo demás implica la pérdida de la libertad individual. Las comunidades y organizaciones de todos los tipos necesitan orden. Pero también requieren su opuesto: espontaneidad, un cierto grado de caos e incluso de confusión. Así como nuestras grandes ciudades tienen barrios bohemios donde la espontaneidad y la creatividad suelen florecer, las empresas deberían dar cabida a aquellos aspectos del comportamiento humano que los planes autoritarios suelen desalentar.

La planeación es tan vulnerable a la moda como cualquier otra actividad administrativa. La planeación misma fue una moda muy popular hace una década o más, cuando la "planeación estratégica" era la frase clave de la administración. Ya no es el caso.

El interés personal quizá constituya una barrera para la planeación eficiente. En particular, los profesionales se resisten obstinadamente al cambio planeado y parecen interesados sólo en protegerse. Si estas empresas profesionales, en realidad, planearan de conformidad con el interés público en mente, quizá deberían fusionarse o cerrar. Por lo menos tendrían que diversificarse, volver a capacitar a sus integrantes y dedicarse a toda clase de actividades que pondrían en peligro el *statu quo*. Es por ello que sus planes rara vez son ambiciosos o radicales.

Rebelión e invasión

Antes mencioné que la rebelión o invasión desde el exterior es capaz de cambiar a una empresa con mayor frecuencia que la planeación. Las movilizaciones de los sindicatos son un ejemplo de rebelión que ha tenido efectos duraderos. Ha traído como consecuencia más cantidad de cambios fundamentales en la forma de funcionar de las compañías que, por ejemplo, la introducción de cualquier técnica de administración.

De manera similar, la invasión de la computadora ciertamente ha cambiado a las empresas. Observamos en la actualidad enormes cambios en la forma en que las compañías se consideran a sí mismas como consecuencia de la computarización.

Las tomas de control empresariales, ya sean hostiles o amistosas, son otro ejemplo de cómo las compañías cambian de manera espectacular por la invasión, en especial cuando los nuevos propietarios aplican cambios sustanciales incluso antes de que, en realidad, formen parte de la empresa reorganizada.

Dados estos tres planteos, es claro que no es posible organizar una empresa en el futuro de la misma manera en que en el pasado.

Una forma de prepararse

Si la planeación resulta tan ineficiente, ¿por qué la llevamos a cabo? ¿Y por qué es tan importante que continuemos haciéndolo?

Es posible que la planeación no sea muy eficaz para evaluar el futuro, pero tal vez constituya una buena manera de evaluar el presente. También indica las compensaciones necesarias, establece las fronteras de modo que se evalúen cuidadosamente las posibilidades, estimula los escenarios posibles, integra ideas y obliga a la gente a pensar acerca de las consecuencias. Además, es capaz de colocar a la administración en lo que el planeador Jivan Tabibian denomina "un estado de alerta previsor", a fin de que se encuentre mejor preparada para lo inesperado.

El proceso, no el producto, es lo que reviste importancia. En el mejor de los casos, la planeación se convierte en una forma de pensamiento previsor y estratégico, la base para la flexibilidad y presteza organizacional. Tal vez esto sea lo máximo que pueda ofrecer, pero ya es mucho.

24

Las organizaciones cambian más después de haber sobrevivido a las catástrofes

Cuando le pregunto a la gente cuál fue el acontecimiento más importante en sus vidas, a menudo me cuentan acerca de los efectos beneficiosos de haber sobrevivido a la época de la Depresión, la pérdida de un miembro de su familia, o un accidente casi fatal. Tradicionalmente siempre se ha valorado mucho este concepto. Lo denominamos "la escuela de los golpes de la vida" pues luchar contra la adversidad ayuda a moldear el carácter de las personas. Pero nos resulta difícil adaptar esta creencia a las ideas respecto a la administración, y existe una buena razón para ello: nos plantea el absurdo paralizante de que las situaciones que nos esforzamos más por evitar en nuestras organizaciones, en realidad resultarían las que mayor beneficio acarrearían.

Es difícil imaginar cómo es posible que sobrevivir a las catástrofes sea bueno para las empresas. Sin embargo, sabemos que la gente crece y prospera no sólo debido a lo bueno que le sucede, sino, tal vez, incluso más por lo malo, como los desastres y las crisis. Tales experiencias provocan a menudo que las personas lleven a cabo una importante reconsideración de sus vidas y cambien de maneras que reflejen una comprensión más profunda de sus propias capacidades, valores y metas.

Las organizaciones tienden a reaccionar de manera semejante ante las grandes adversidades. Nunca es fácil, pero, en efecto, parecen cambiar como consecuencia de sobrevivir a las catástrofes. Desde luego, no es posible sobrevivir a todos los grandes problemas. Muchas de ellos son letales y capaces, en verdad, de acabar con una compañía. Pero, al igual que muchos hombres y mujeres que han pasado su vida luchando, y de muchas formas son mejores por ello, las organizaciones que se esfuerzan impulsan un sentido de dominio de sí mismas, formas de manejarse que les ayudan a permanecer a flote donde otras se hunden.

CAMBIO POR ONDAS DE CHOQUE

En ocasiones, aun las catástrofes gigantescas que sufren las empresas resultan beneficiosas. Por ejemplo, la muerte de un líder carismático o fundador. En su momento, parece algo absolutamente espantoso. Pero muchas compañías han informado que, para su sorpresa, la pérdida de su gran líder las liberó de restricciones de las que ni siquiera tenían conciencia.

Un despido masivo envía una onda de choque a través de la empresa, y obliga a preguntarse si ésta sobrevivirá. Sin embargo, la mitad de las veces la reducción drástica en la fuerza laboral libera a la organización de los empleados menos eficientes y fortalece a los que se quedan, de manera que, en realidad, se desempeñan mejor. A menudo en dichas situaciones, los ejecutivos descubren que es posible realizar más trabajo con menos gente.

Es posible que una adquisición hostil de una organización también se considere como una calamidad. Pero mientras que la gente que atraviesa por la prueba difícil tiende a convencerse de que es un desastre del que jamás se recuperará, la toma de control a menudo produce tanto bien como mal, y la empresa resultante se fortalece. La quiebra es otra catástrofe potencialmente beneficiosa. Muchas compañías nunca sobreviven a ella, pero aquellas que lo logran con frecuencia regresan más sanas y más aptas para mantenerse concentradas en los objetivos importantes.

LA CREENCIA POPULAR

Aunque los individuos reconocen que las catástrofes son importantes en su desarrollo, existe una menor probabilidad de que los administradores consideren los desastres organizacionales como una razón para cambiar y madurar. Las calamidades constituyen un motivo de vergüenza para la administración y, muy probablemente, no se consideran como la clave para el éxito.

Los administradores preferirían afirmar que su *administración* de la crisis fue crucial para el éxito: en efecto, ésa es la creencia popular. Pero la verdad es que no comprendemos en su totalidad, ya sea con respecto a cómo maduran los individuos o cómo prosperan las compañías, el efecto revitalizador de las catástrofes. En cualquier caso, el absurdo prevalece: en administración no existe otra alternativa que tratar de evitar precisamente aquellas cosas que resultarían más beneficiosas.

25

La gente que nosotros creemos que necesita cambiar en realidad vale por lo que ya es

Los editores de periódicos hacen una mueca cuando se les plantea la pregunta de siempre: "¿Por qué no publican alguna vez una noticia buena? ¿Por qué todo es problemas, desastres, crímenes, violencia, corrupción, muerte?" La respuesta, desde luego, es que no sería posible vender muchos ejemplares del diario de otra manera. Pero la pregunta aborda un punto válido. La consecuencia de las noticias, tal como las conocemos, es que tenemos una imagen de la sociedad que no refleja cómo se comporta en realidad la mayoría de la gente.

No creemos mucho que alguien sea capaz de actuar bien, porque a menudo nos obligan a tomar conciencia de las veces en que no lo hacen. La histeria por el crimen y la violencia en Estados Unidos, por ejemplo, frente a las pruebas sólidas de que por varias décadas ambos han disminuido, es comprensible. Los medios masivos de comunicación atizan la hoguera del temor, ya que no son capaces de resistirse a presentar historias de horror en la primera página, mientras que las estadísticas acerca de la disminución en la delincuencia se relegan a las páginas interiores y por políticos que creen que explotar el temor es un camino seguro para ganar una elección.

Nunca nos enteraríamos por los periódicos o por la televisión que nuestra sociedad se volvió más respetuosa de la ley, a pesar de que se ha transformado en más urbana, compleja y extendida con nuevas leyes que obedecer y que infringir. No recibimos información que nos haga albergar lo que muchos considerarían como un pensamiento absurdo: que la gente está bastante conforme con su manera de ser.

Los administradores tienen el mismo problema. Las anécdotas que oímos sobre los lugares de trabajo más a menudo tienden a ser malas noticias: desastres, retrasos, engaños, fracasos, incompetencia. No hay mucho en ello que haga sentir bien a los administradores respecto a la gente con la que tratan.

Los negocios y la industria responden gastando miles de millones de dólares cada año para capacitar, alentar y recompensar a sus empleados y... en la instalación de sistemas de seguridad. Pero dichos esfuerzos para recompensar a los empleados y asegurar su lealtad, por lo general no funcionan y tal vez resulten, incluso, contraproducentes. Las situaciones, más que los individuos, son las que provocan las dificultades, aun cuando casi siempre parece que son los individuos los que se equivocan.

Los mejores administradores tratan de arreglar las situaciones no a la gente, mediante la aplicación de cambios estructurales en sus empresas. En lugar de intentar cambiar a los individuos, es mucho más probable que se busque transformar las relaciones con los subordinados, se amplíen o reduzcan las expectativas acerca del trabajo, se establezcan horarios flexibles, etcétera.

La realidad es que somos capaces de componer las situaciones para hacer que la gente se vea bien o mal. Ideamos experimentos en los que casi todos harán trampa. Y también somos capaces de lograr lo opuesto, donde el sistema de honor funciona extraordinariamente bien. Las circunstancias son determinantes poderosos del comportamiento: nadie fuma dentro de una iglesia.

ENCONTRAR EL LÍMITE

La mayoría de los empleados tratan de realizar su mejor esfuerzo. Prefieren desempeñar bien su trabajo, cooperar, cumplir con los objetivos. Prefieren la armonía al conflicto, la acción a la inacción, la productividad a las demoras. Por supuesto, no todos, y no todo el tiempo. Pero, en general, la gente quiere desempeñarse de manera eficiente.

Es posible que los administradores tengamos dificultades para reconocer lo anterior porque nunca nos hemos molestado en estudiar a los seres humanos en sus mejores momentos, en la cúspide de su realización. Muchos de las investigaciones sobre el comportamiento humano se llevan a cabo en personas que asisten a escuelas, desde primarias hasta universitarias: una situación en la que rara vez la gente se encuentra en su mejor momento. Otras se realizan en situaciones aun menos prometedoras, como en clínicas o prisiones. Consecuentemente, en realidad no sabemos lo que las personas son capaces de hacer. Así que nuestros esfuerzos constituyen, en general, intentos por reformar a los demás en lugar de educarlos, iluminarlos y apreciarlos, permitiendo que surja lo mejor de ellos.

Las políticas y prácticas de nuestras empresas con frecuencia reflejan esta visión demencial de los recursos humanos. En cierta ocasión Jack Gibb, asesor en administración, solicitaba a un grupo de gerentes, en un ejercicio, que diseñaran una organización que produjera los más bajos niveles de confianza entre sus empleados. Quería averiguar qué medidas tomarían y qué procedimientos instituirían para crear una empresa con un bajo nivel de confianza.

Los gerentes no tuvieron ningún problema para dar múltiples ideas: asegurarse de que todo se encuentre bajo llave; instalar relojes para registrar las horas de entrada y salida; introducir gruesos manuales de procedimientos operativos; instituir normas y reglamentos para todo; despedir a la gente sin previo aviso; conservar expedientes voluminosos del personal a los que nadie tuviera acceso; celebrar reuniones privadas a las que a la mayoría de los empleados no se les permitiera asistir. Y así sucesivamente. Uno por uno, los participantes se sonrojaron tanto avergonzados como divertidos, a medida que reconocían que estaban describiendo aspectos de sus propias compañías.

Cuando Gibb revirtió el ejercicio y le pidió a su audiencia que inventara una empresa con un nivel elevado de confianza, basada en la idea de que la naturaleza humana no es tan mala, los gerentes tendieron a generar máximas que sonaban muy similares a lo que típicamente se enseña como buenas prácticas de administración: asumir la responsabilidad de explicar los asuntos en su totalidad; revertir el flujo de comunicación; impulsar un conjunto de objetivos compartidos; formar equipos en lugar de concentrarse sólo en los individuos; ofrecer recompensas en lugar de castigos; prestar atención a las inquietudes, intereses y problemas personales de los empleados; aumentar los empleos.

En resumen, lo que de manera natural se deriva de la creencia en el aspecto positivo de la esencia humana es precisamente la buena administración y así el enfoque positivo llegará a ser tan gratificante como el negativo.

Michael Kahn, profesor de psicología, ha demostrado cómo el establecimiento de reglas básicas para el comportamiento grupal en los seminarios es capaz de provocar un nivel elevado de realización. Señala que muchos seminarios están organizados como si fueran concursos de belleza en los que se alienta a la gente a demostrar sus capacidades individuales y a parecer astutos cuando se les compara con los demás en el grupo. En este ambiente, se convierte en algo muy importante para ellos no sólo verse bien, sino criticar e incluso sabotear a los demás.

En sus seminarios, Kahn intenta lograr lo que él denomina la "construcción del granero", un enfoque basado en la metáfora de los días de los pioneros, cuando la gente que necesitaba un nuevo granero contaba con que sus amigos y vecinos le ayudaran a erigirlo. En lugar de criticar las ideas de los demás, anima a la gente a tratar de apoyarlos. El grupo adopta la idea de uno de sus integrantes e intenta cultivarla para ver si en realidad se trata de una estructura que vale la pena salvar. Aunque tal vez este enfoque sea muy diferente de otros a los que las personas están habituadas, resulta sorprendentemente fácil participar en él una vez que las reglas básicas se han establecido. La discusión resultante es siempre más productiva.

LA MANERA EN QUE SOMOS

La mayoría de nosotros lamentamos cosas que hemos hecho durante el curso de nuestras vidas y continuamos recreando episodios en nuestras mentes que desearíamos haber manejado de modo diferente. Pero, en general, cuando miramos hacia atrás, es probable que no queramos cambiar demasiado. Esto se debe a que nuestra vida se compone de una gama completa de experiencias en la que las buenas cosas a menudo dependen de las malas y viceversa.

Esto es cierto también en el caso de las empresas. Cuando formamos un equipo, es posible que, en un principio, deseemos que sus integrantes fueran diferentes, creemos que Fulano tal vez es demasiado tímido; Mengano, demasiado escandaloso; Zutano, demasiado cerebral, etcétera. Pero una vez que se forma el equipo y sus individuos empiezan a trabajar juntos, algo ocurre que constituye una agradable sorpresa. En lugar de seguir queriendo cambiar a los demás, todas esas características que nos preocupaban en un principio se transforman en cualidades que llegamos a apreciar como parte de lo que son esas personas. Y, absurdamente, descubrimos que en realidad no nos gustaría que fueran de otra forma.

PARTE SIETE

La estética del liderazgo

26

Toda gran fortaleza es una gran debilidad

A menudo, cuando tratamos de evaluar a los demás, o incluso a nosotros mismos, hacemos una lista de características. En un lado del papel anotamos las fortalezas, y en el otro las debilidades. Pero, en realidad, necesitamos una lista en el punto medio para aquellas fortalezas que también son debilidades y para aquellas debilidades que también son fortalezas. Debido a la dualidad fundamental de la experiencia humana, la lista de enmedio nos dirá más que las otras.

Las fortalezas se convierten en debilidades cuando dependemos mucho de ellas, las llevamos a extremos exagerados o las aplicamos en donde no corresponden. Mientras más fuertes sean, existe una mayor probabilidad de que también se conviertan en debilidades. Por ejemplo, quien posee grandes facultades críticas e intelectuales y gana todas las discusiones tal vez confía en exceso en dichas fortalezas. Al hacerlo, no se permite espacio para una respuesta emocional y a menudo no demuestra la mínima consideración por las ideas y opiniones de los demás.

Las personas que son excepcionalmente hermosas o atractivas, a veces fracasan en cultivar otras cualidades como, por ejemplo, trabajar de manera ardua para aprender técnicas o educarse.

Los individuos tenaces, en ocasiones, continúan con ese comportamiento mucho tiempo después de hacerse patente que deberían cambiar de rumbo o darse por vencidos.

La gente que es extraordinariamente cuidadosa acerca de su dieta necesita relajarse de vez en cuando e infringir algunas reglas.

Los que son muy autocríticos y exigentes deben aceptarse como son y ser menos duros consigo mismos.

La gente que es extraordinariamente exitosa descubre que el éxito la separa a menudo de los demás.

Añadimos la frase "en extremo" para describir estas características en los individuos: es generoso en extremo, es leal en extremo y así sucesivamente. Si bien todos somos capaces de apreciar el encanto del famoso comentario de la ya fallecida dama de sociedad neoyorquina Bárbara Paley: "Una no puede ser demasiado delgada o demasiado rica", también estamos muy conscientes de que es completamente posible ser demasiado delgado o incluso demasiado rico.

POR OTRO LADO

Si las fortalezas también son debilidades, ¿lo contrario también es cierto? ¿Es posible que una debilidad se convierta en fortaleza? Con frecuencia la respuesta es sí. El temor resultará adecuado y, en ocasiones, nos volverá precavidos. Los perfeccionistas se encuentran entre nuestros más valiosos trabajadores. Los sentimientos de incompetencia conducen a la necesidad de lograr algo. Los hipocondriacos se ocupan mejor de su salud. Un ejecutivo obsesivo y resuelto es capaz de inspirar a los demás.

Como psicólogo, solía creer en la frase que afirma que para ver a otros claramente, necesita uno verse claramente, ser sano en todos los aspectos psicológicos. Es por esa razón que, por lo general, se requiere que los psicoterapeutas pasen por una terapia exhaustiva como parte de su entrenamiento profesional. Pero ahora desconfío de esta idea.

Muchos líderes brillantes en mi campo son, en su trato personal, individuos muy conflictivos que, es evidente, se encuentran en un estado de salud psicológica menos que óptimo. Sin embargo, demuestran una capacidad misteriosa para darse cuenta rápidamente y con gran perspicacia de cómo son los demás.

En la actualidad creo que dichas personas ejemplifican una debilidad terrible que constituye también una gran fortaleza. Muchos gigantes de la psicología poseen habilidades extraordinarias no a pesar de, sino debido a sus propias discapacidades emocionales. Las experiencias en sus vidas que los llevaron a sentirse incómodos con los demás precisamente les han enseñado a interpretar a los demás con rapidez y cuidado, porque los demás siempre han representado una amenaza potencial. Aquellos de nosotros que crecimos en circunstancias más saludables no necesitamos realizar evaluaciones rápidas de los otros, debido a que no aprendimos a temerles.

Dos compañías, la misma paradoja

Los levantadores de pesas son capaces de realizar hazañas extraordinarias de fuerza. Pero son demasiado musculosos para poseer la agilidad de los gimnastas. Por otro lado, los gimnastas tienen dicha capacidad, pero carecen de la fortaleza de los levantadores de pesas.

Esa dicotomía entre el levantador de pesas y el gimnasta caracteriza la dificultad con que dos empresas consideradas entre las mejores se toparon cuando intentaron ingresar en el mercado de las computadoras personales. IBM, el peso completo de las compañías de computadoras, fabricante de los mainframes más populares, llena de talento profesional, que tiene relaciones comerciales con más de 150 países, no era capaz de competir con tanto éxito como debería en el mercado de las computadoras personales debido a que tratar de hacer un viraje en una empresa de la dimensión de IBM es como hacer virar a un trasatlántico.

KayPro, por otro lado, era una compañía pequeña, propiedad de una familia. La empresa era dirigida por un genio de la electrónica que había diseñado un voltímetro digital muy exitoso, el instrumento que dominaba más de la mitad del mercado. En ese entonces, se encontraba trabajando en una computadora personal. En un lapso sorprendentemente corto, esta ágil compañía completó el diseño, ingresó en el mercado de aparatos electrónicos y empezó a cotizar en la Bolsa. Pero, aunque era ágil, KayPro carecía de la dimensión, experiencia y profundidad de administración profesional para competir de manera eficaz con los gigantes en el campo.

Hoy día, tanto IBM como KayPro compiten en el mercado de las computadoras personales, pero con una participación mucho menor de lo que habría sido posible si sus fortalezas no hubieran representado también sus debilidades.

Fíjese en la ropa

De modo que es útil para las empresas tener conciencia de que cuando dependen únicamente de lo que se ha convertido en su mayor fortaleza, quizá estén cometiendo un grave error. Una quizá maneje con sensibilidad sus relaciones humanas, pero excluye otras actividades vitales, tales como la investigación de nuevos mercados e impulso de tecnologías novedosas. Otra domina un mercado, y se vuelve complaciente e inflexible. Una más, conocida por su compromiso con la gente que trabaja para ella, tiene dificultades a la hora de reducir personal para adquirir una dimensión que le permita competir de manera más eficiente. Las fortalezas y debilidades se visten con la misma ropa.

27

La moral no está relacionada con la productividad

Los administradores comúnmente asumen que la moral, en el sentido del estado de ánimo, es el factor fundamental para motivar a la gente a trabajar con más ahínco. Pero tal vez esto no sea así.

De hecho, los individuos tienden a trabajar arduamente por muchas razones diferentes: porque así los educaron, les inculcaron la ética del trabajo. Poseen un motor interno; en ocasiones, incluso, una adicción a la droga del trabajo. Por el deseo de obtener mayores riquezas. Los impulsan las presiones familiares o el temor. Porque tener un trabajo más importante, lograr un ascenso o asumir nuevas responsabilidades constituye un reto. Les encanta su trabajo. En resumen, existen muchas razones importantes por las que la gente trabaja mucho y que no tienen nada que ver con la moral o estado de ánimo.

La mayoría de los administradores asocia la "moral" con una fuerza laboral feliz y satisfecha, y es en este sentido que creo que resulta evidente que el estado de ánimo no se relaciona con la productividad. Al buscar en el diccionario la definición de "moral", no encontramos las palabras "felicidad" o "satisfacción". Pero, de la misma manera, aun la definición de mi diccionario ("la actitud de un individuo de confianza, resuelta, dispuesta, que a menudo implica el sacrificio personal, y valerosa), quizá no esté relacionada con la productividad, por absurdo que esto parezca.

Tenemos que distinguir entre lo que mueve a la gente a trabajar con ahínco y lo que es responsable de la productividad. El trabajo arduo es sólo una pequeña parte de la productividad.

QUEREMOS Y NO QUEREMOS LA PRODUCTIVIDAD

No se trata de que la productividad sea el principal objetivo de cualquier empresa, aun en Estados Unidos. Cuando el asunto se reduce a elegir entre la productividad y cualquier cantidad de otros valores y conductas, tales como mantener el *statu quo* o aferrarse a los estereotipos, se vuelve evidente de inmediato que la productividad rara vez es nuestra meta más importante. Si estuviéramos interesados sólo en la productividad, encontraríamos la forma, por ejemplo, de tratar mejor a las mujeres, que representan más de la mitad de nuestro talento, al igual que a las personas que se encuentran en ambos extremos de la curva de edad.

Hablamos de productividad sólo si representa un pequeño costo en términos de modificar nuestras ideas, sólo si nos hace más fácil la vida. Tratamos de mantener a los empleados de una empresa en un determinado nivel de motivación, productividad y creatividad que no resulte amenazador. En las compañías que pagan a sus obreros no por tiempo sino por productividad, surgen serios conflictos ocasionados por aquellos que trabajan tan rápido que hacen que los otros parezcan lentos. Dichos empleados, llamados "reductores de las tarifas" debido a que sus esfuerzos a veces provocan que se paguen tarifas más bajas por el trabajo a destajo, siempre han sido aislados y castigados por los demás trabajadores. Si en realidad deseáramos la productividad por sobre todas las cosas, la obtendríamos al precio de cambiar algunos de nuestros puntos de vista más apreciados acerca de cómo funcionan las cuestiones humanas.

Las personas que Abraham Maslow escogió para sus investigaciones de lo que él llamó autorrealización (aquellos individuos extraordinarios que se encontraban entre los que siempre obtienen excelentes resultados en nuestra sociedad) no necesariamente se sentían cómodas o felices. Eran descorteses, aburridos, acartonados, irritantes o carecían de sentido del humor. Las empresas dependen absolutamente de dichas personas. A menudo, el reto que supone la administración es ofrecer la posibilidad de que sobrevivan y prosperen en el entorno organizacional.

Hacerlo por las razones correctas

La literatura de la administración frecuentemente señala que los administradores deben tomarse un tiempo para traer pequeños obsequios, ofrecer fiestas, recordar cumpleaños, enviar notas y desempeñar otros actos similares de buena voluntad hacia sus empleados. No sólo con la esperanza de que dichos gestos contribuirán a lograr una fuerza de trabajo más productiva, sino porque ayudan a crear el clima de calidez que todos queremos para nosotros y para los demás. Cuando existe un sentimiento genuino detrás de dichas expresiones y actividades y cuando se llevan a cabo sin ningún otro propósito, sin duda resultan deseables en cualquier compañía.

Pero, ¿qué ocurre con los administradores que son más calculadores, que buscan el favor de los empleados como una estrategia para levantar la moral? Este comportamiento lleva implícita la falsa idea de que aun cuando no les agrade alguna persona, los administradores se comportan de tal manera para simpatizarles a sus empleados. Es probable que este enfoque falto de autenticidad fracase. Los mejores administradores revierten la noción y, por el contrario, se comportan de manera que el respeto que sienten por los empleados aumente. Reconocen la paradoja de que es más importante que a ellos les agraden sus empleados, que al revés.

Todos tendemos a que nos agrade una persona *para* quien hacemos algo, más que aquella *a* quien le hacemos las cosas, o la gente que sólo hace cosas para nosotros. Y nos agradan más las personas cuando no nos sentimos sus víctimas. Es por eso que los mejores administradores son capaces de hacer ambas cosas: ser generosos con su tiempo y energía y, a pesar de ello, estar listos para confrontar a un empleado cuyo comportamiento sea de víctima. Se dan cuenta de que el problema no yace en levantar la moral de los trabajadores, sino que, en todo caso, se encuentra en levantar su *propio* estado de ánimo como administradores. Si tienen la moral alta, a la larga contarán con una mayor probabilidad de obtener una fuerza de trabajo más creativa y entusiasta.

28

No existen los líderes, sólo el liderazgo

Uno de los grandes enemigos de la eficiencia en las organizaciones es nuestra idea estereotipada del líder. Nos imaginamos a una figura dominante, tal vez de pie frente a una audiencia, hablando, no escuchando, con un séquito de asistentes que aguarda sus órdenes. O sentado a un escritorio grande y limpio, gritando órdenes, haciéndose cargo, agresivo, pragmático, tenaz.

Estas imágenes de los líderes nos ocasionan dificultades no sólo porque no se ajustan a la realidad, sino debido a que nos preparan para desempeñar papeles que son, en última instancia, disfuncionales. La imagen machista del liderazgo, asociada con hombres tales como Vince Lombardi, Ross Perot y Lee Iacocca, nos hacen olvidar que la fortaleza real de un líder es su capacidad para provocar la fortaleza del grupo.

Esta paradoja es otra forma de decir que el liderazgo pertenece menos a una persona que al grupo. El liderazgo se distribuye entre los miembros de un grupo y ellos, a su vez, juegan los papeles vitales de capataz, payaso, figura materna, etcétera. Depender de una persona, el gerente, por ejemplo, para que aporte todo el liderazgo, fomenta expectativas que no es posible cumplir. Además, le roba al grupo sus facultades, conduce a la sobredependencia del administrador. A su vez, la respuesta del líder a dicha dependencia es, en ocasiones, una microadministración, participar en áreas de control y responsabilidad que representan un uso deficiente del tiempo y que quizá sobrepasen sus capacidades, disminuye la productividad del grupo.

DEFINIDO POR EL GRUPO

Las personas que son líderes en una situación generalmente son seguidores en otras. Por ejemplo, quizá sean gerentes en su trabajo, pero sólo padres de familia interesados en las juntas escolares, o simples espectadores en reuniones sociales. El liderazgo depende de las situaciones, se trata menos de una cualidad personal que de una condición específica en una determinada situación.

Los verdaderos líderes se definen por los grupos que atienden, y comprenden que el trabajo es interdependiente con el grupo. Todos hemos visto líderes que cambian con éxito de una organización a otra, aun cuando es posible que no sean expertos en el negocio al que se dedica la segunda empresa. Son capaces de hacerlo porque definen su tarea como evocadora del conocimiento, técnicas y creatividad de aquellos que ya se encuentran en la organización. Se sienten lo suficientemente seguros con su propia identidad como para ser influidos por la nueva información y aceptar las ideas de otros en el grupo. En especial, tienen la capacidad de promover la inteligencia y participación de los integrantes del grupo que, de otra forma, tal vez no participarían en las discusiones.

En un equipo que funciona bien, el comportamiento del líder no se diferencia en mucho del de otros integrantes responsables del grupo. De hecho, si no fuera por las trampas de los títulos, los despachos privados, escritorios sobre tarimas, un asiento en la cabecera de la mesa, etcétera, sería difícil identificar al líder en un grupo que se desenvuelve bien.

HACER LA VIDA MÁS FÁCIL

Los mejores líderes son aquellos que sirven a su gente. En una ocasión conduje una investigación dirigida a tratar de comprender cómo es posible adquirir poder dentro de un grupo. Descubrimos que las personas más exitosas en adquirir poder no dominaban al grupo, sino que, en vez de eso, lo servían. Iban al pizarrón y desempeñaban lo que podría considerarse como tareas secretariales. Llamaban a aquellos que no habían hablado; escuchaban con atención a todos. Exponían sus propios puntos de vista de manera clara y extensa; pero, sobre todo, alentaban a los demás para que plantearan los propios. Ayudaban al grupo a permanecer concentrado en el problema. En otras palabras, trataban de servir al grupo.

La humildad es una cualidad natural de los mejores líderes. Rara vez se atribuyen el mérito, sino que, por el contrario, le dan reconocimiento a los integrantes del grupo con el que han trabajado. En suma, hacen la vida más fácil para sus empleados. Constantemente arreglan situaciones, diseñan los puestos, facilitan los procesos, retiran los obstáculos. Piensan acerca de quién necesita qué. Definen su trabajo como el encontrar maneras de liberar el potencial creativo que existe dentro de cada empleado en lo individual y en cada grupo con el que trabajan.

Debido a que gran parte del trabajo de un administrador es como sirviente, consejero, confidente, es sorprendente que no haya muchas mujeres en estos puestos, debido a que dichas funciones a menudo se asocian con los papeles tradicionales que se le han asignado a la mujer. Si no fuera por la desafortunada imagen del líder como dominador en lugar de servidor, habría más probabilidades de encontrar más mujeres en la cima.

LÍDERES QUE NO RECONOCEMOS

Algunas veces olvidamos que el liderazgo es un papel compartido, desempeñado en parte por las personas que no son los líderes titulares. Los reyes tienen regentes susurrando a su oído. Los presidentes cuentan con asesores. Los directores generales, también. Los administradores emplean a asistentes que les ayudan a moldear su comportamiento, pero que no asumen los riesgos del liderazgo y no obtienen ningún reconocimiento.

En efecto, es frecuente que los líderes sean conducidos y administrados por sus empleados, en línea ascendente desde el fondo: los colegas cuyas ideas, asistencia, argumentos y, en ocasiones, su resistencia obstinada ejercen una influencia real. Observar a una secretaria ejecutiva eficiente mientras desempeña su trabajo lo hace a uno preguntarse, en ocasiones, quién maneja a quién.

He descubierto que existen dos clases de buenos empleados. Uno es el asistente dispuesto, preparado a aceptar cualquier tarea que se le encomiende y llevarla a cabo con presteza y buena voluntad. El otro va más allá: se anticipa a las necesidades que se presentarán y ofrece soluciones, no problemas; ideas, no quejas. Este papel previsor rara vez se solicita; sin embargo, es uno de los rasgos importantes del liderazgo desempeñado por aquellos que no son llamados líderes.

La fuerza más poderosa

Muchas de las acciones de los líderes no funcionan, al igual que la mayoría de los surfeadores dejan pasar más olas de las que usan. Para complicar el asunto, existen muchos diferentes tipos y estilos de liderazgo y las acciones que requieren son tan complejas que no hay un modelo infalible que seguir.

Sin embargo, el liderazgo es una de las fuerzas más poderosas que hay en el mundo. Es posible argumentar en favor de otras fuerzas: ambición, territorialidad, culpa, miedo, odio, amor, espiritualidad, pero al no haber liderazgo que las ponga en movimiento, son relativamente débiles. El liderazgo, por lo tanto, merece mucha más atención de la que se le ha otorgado hasta hoy, en especial si queremos cerciorarnos de que se ejerce de manera que ayude a nuestras organizaciones a prosperar y a nuestra civilización a progresar.

29

Mientras más experimentados son los administradores, más confían en la simple intuición

La cualidad única que muchos de los altos ejecutivos están de acuerdo en que los separa de sus competidores menos exitosos es la confianza en la intuición. Las compañías pagan mucho dinero a los ejecutivos que gozan de una reputación de audaces, cuyas reacciones viscerales inmediatas hacia la gente y los acontecimientos parecen precisas, lo que hace que sus juicios sean mucho más valiosos.

La mayoría de los analistas debatirían que lo que estos altos ejecutivos atribuyen a la intuición es más probable que sea la acumulación de muchas experiencias de aprendizaje que los han sensibilizado y capacitado para interpretar las situaciones rápidamente. Pero debido a que los procesos que atraviesan los líderes al ejercitar sus juicios resultan misteriosos para ellos mismos, muchos atribuyen sus facultades a la intuición. A pesar de esta explicación razonable, todavía hay mucho que hablar acerca de la capacidad de confiar en nuestras propias reacciones inmediatas.

En cierta ocasión fui nombrado decano de una facultad de diseño ambiental en una institución distinguida que albergaba a todas las artes, una designación extraña para un psicólogo. Por lo tanto, me sentí casi como aficionado cuando inicié el proceso de selección, en el que se revisaban los portafolios de los candidatos. Traté al máximo de aplicar la poca comprensión que tenía acerca de la forma y la composición, pero me pareció que me tardaría toda la vida. Lo que siempre me sorprendió fue la rapidez con la que otros decanos y miembros de la facultad que asistían a estas sesiones eran capaces de emitir sus juicios. Parecían conocer de inmediato cuáles eran los mejores portafolios.

A medida que el tiempo transcurrió, llegué a darme cuenta de algo asombroso. Yo, también, empezaba a reconocer casi de inmediato cuáles eran los trabajos más consistentes. Pero debido a mi falta de seguridad, me sentía obligado a aplicar principios formales al proceso de evaluación. Tenía temor de confiar en mi propia opinión, en mis primeras reacciones. Debería haber sabido esto porque el mismo fenómeno se aplica en psicoterapia. Los terapeutas más experimentados confían en sus reacciones viscerales inmediatas por encima del complicado pensamiento analítico.

Una sabiduría perspicaz

Admiramos a los niños por su opinión rápida y desinhibida. En gran medida, queremos recobrar la inmediatez de las reacciones infantiles. Si bien es posible que los juicios de los niños no sean en realidad mejor que los nuestros, no obstante creemos que tienen una reacción muy clara y perspicaz acerca de la gente y los acontecimientos, libre de las restricciones impuestas por el proceso de intelectualización. Atribuimos las mismas facultades a los animales, al insinuar que Fido siempre es capaz de detectar a una mala persona, dependiendo de si le ladra o le hace fiestas. Esto se ve de manera muy clara en la ridícula, aunque no obstante convincente fórmula para los programas de televisión tales como *Lassie,* donde la esposa siempre es más sensata que el marido, los niños más sabios que la madre y los animales más listos que los niños. Pero a medida que crecemos y adquirimos mayor experiencia, de alguna manera perdemos el contacto con esta sabiduría primitiva. Tal vez se deba a que nos han ocurrido muchas cosas como adultos que todavía no le suceden a los niños, y esto afecta nuestro juicio.

Quizá aprendemos a no ver. La antropóloga Margaret Mead una vez me comentó que los niños ven acontecimientos que los adultos hemos aprendido a no notar. Esto demuestra que la experiencia no siempre es el mejor maestro. Algunas veces, nos cierra. Aprendemos muchas cosas que nos ciegan y nos llevan a cometer errores de juicio.

LO QUE SE INTERPONE EN EL CAMINO

¿Cómo nos engañan? ¿Qué crea las barreras para el buen juicio? He aquí algunas de las respuestas probables:

Tanto en la escuela como en el hogar nos enseñan a confiar en la autoridad, en la opinión de los demás. Nos enseñan a no confiar en nuestras emociones, que las emociones son nuestras enemigas y nos causan problemas.

Como adultos, a menudo nos convertimos en víctimas de las imágenes. Aprendemos a impresionarnos con currículums, ropa, apariencias, y tendemos a atribuir poderes y cualidades a la gente que van más allá de la realidad. Los antiguos griegos creían que si se era hermoso en el exterior, probablemente también lo sería en el interior, que la virtud y la belleza iban a la par. Como Gloria Steinem señala, tal vez hayamos revertido esa noción en la cultura moderna, cuando creemos que una mujer hermosa probablemente no sea muy inteligente. Ambos, por supuesto, son estereotipos que nos ciegan ante la verdad.

Tenemos una percepción selectiva cuando se trata de sustentar nuestros sistemas de creencias. Simplemente pasamos por alto las cosas que no encajan y aceptamos las cosas que nos convienen. Tendemos a encontrar lo que estamos buscando. Las hipótesis de los científicos los llevan, en general, al descubrimiento de lo que han teorizado; los políticos prestan mayor atención a las inquietudes de aquellos que comparten sus convicciones; los miembros de los grupos religiosos consideran que sus puntos de vista son más ampliamente aceptados de lo que en realidad son; los que creen en los OVNIS o en los ángeles tienen mayores probabilidades de verlos. Las pruebas que sustentan nuestras creencias son extraordinariamente fáciles de encontrar.

Influye sobre nosotros lo que antes nos ha funcionado. Siempre queremos repetir nuestros éxitos, aun cuando si lo que hicimos antes no se aplica en la situación actual.

Nos han enseñado a ser desconfiados acerca de nuestras reacciones iniciales. Carecemos de confianza en nuestras primeras impresiones debido a que, a menudo, se nos recuerda que hemos cometido errores de juicio de esa forma. Pero, en realidad, aprendemos mucho acerca de una persona en los primeros segundos de un encuentro y nuestra primera impresión casi siempre es la correcta. Con frecuencia se cita un experimento psicológico en el que se le mostraron fotografías de rostros a diferentes personas y se les pidió que las relacionaran con las ocupaciones que aparecían en una lista adjunta. Debido a que el asaltante de bancos se identificó más a menudo como el presidente del banco, este experimento se presentó para demostrar lo equivocadas que son nuestras primeras impresiones. Pero si examinamos todas las opiniones que se concluyeron de los rostros, la gente que tomó parte en el experimento tendió a acertar con mayor frecuencia que a equivocarse. Poseemos capacidades asombrosas para evaluar a los demás. Estamos conscientes de cuántas veces nos hemos equivocado, pero ni siquiera nos damos cuenta de cuántas veces estuvimos en lo correcto.

Puesto que es difícil confiar en nuestra intuición cuando nos sentimos inseguros y temerosos de arriesgarnos, nos sentimos obligados, en esas ocasiones, a elaborar una justificación racional y defendible de nuestros juicios. Esto contrasta con lo que los padres hacen a menudo cuando responden a una pregunta de sus hijos diciendo simplemente: "Porque sí." "¿Por qué no puedo? Porque no." "¿Por qué hiciste eso? Porque sí." Las palabras que parecen no tener ningún significado, en realidad, entrañan mucho. Comunican: "Mi experiencia acumulada me ha convencido de algo que no puedo explicarte en términos racionales, o que tú no eres capaz todavía de entender. Lo siento muy dentro de mí, pero no puedo y no tengo tiempo ahora para tratar de analizarlo en términos que hagan justicia plena al poder del sentimiento que experimento." Es una lástima que a un ejecutivo no le sea permitido salirse con la suya respondiendo: "Porque sí."

Los niños observan cosas de las que nosotros nos alejamos. Señalan a una persona que no tiene piernas cuando quisiéramos que no la tomaran en cuenta, al igual que nosotros, los adultos, tratamos de hacer. Pero los mejores ejecutivos poseen esta cualidad infantil de incursionar en áreas que otros evitan. A veces simplemente señalar lo que sucede es una forma valiosa de superar un obstáculo.

Algunas veces dependemos en exceso de los juicios de los demás. Demostramos lo que el psicólogo Irving Janis denominó *pensamiento grupal,* en la intención de marchar junto con el grupo. Algunos de los mayores errores de liderazgo en la historia han provenido de esa manera; Watergate es sólo uno de los más recientes. Muchos experimentos psicológicos han demostrado cómo nuestras percepciones se moldean con el comportamiento de grupo. En realidad vemos las cosas de diferente manera cuando nos presionan para aceptar la postura que se decidió por consenso grupal.

El líder como papel de tornasol

Por estas razones, gran parte del trabajo de perfeccionamiento ejecutivo es un proceso de "*desaprendizaje*": liberarse de las barreras a la percepción, las creencias y el juicio lógico.

Los líderes necesitan volver a adquirir confianza en las reacciones instintivas. Para hacerlo, tenemos que considerarnos como instrumentos sensibles que miden situaciones y registran reacciones viscerales que, por lo general, no son tomadas en cuenta, pero a las que debe ponerse atención. No es muy diferente a introducir papel de tornasol en una solución para obtener una reacción.

Por supuesto, no hay que perder de vista todos los factores racionales que intervienen en las buenas decisiones. Mientras prestamos atención a nuestros instintos, debemos permanecer alertas para detectar la información objetiva que contradiga dichas reacciones. De modo que constituirá un grave dilema juzgar cuánto valor asignar a las reacciones viscerales. Y cuando uno considera las diferentes barreras descritas anteriormente, quizá resulta comprensible que la mayoría de los administradores se equivoquen en el sentido de descartar lo que sus instintos les dictan.

30

No es posible capacitar a los líderes, pero puede educárseles

A pesar de que nos encantaría creer que el liderazgo es cuestión de experiencia adquirida, en realidad no existen líderes expertos. Hay buenos líderes, incluso grandes líderes, pero no son "expertos". Es decir, no saben cómo llegaron a ser talentosos o qué hicieron para ser talentosos. Pregunte a los líderes más importantes en qué consiste su liderazgo y la poca profundidad de sus respuestas lo persuadirá de que comprenden muy poco acerca de lo que los separa de los demás.

Sin embargo, quizá resulte beneficioso que el liderazgo no sea una cuestión de experiencia y que la gente que más queremos no sea experta en la relación que tiene con nosotros. Después de todo, no nos gustaría tener amigos "expertos". No existen las "técnicas de amistad". Ni tampoco querríamos esposos o esposas, amantes o padres expertos.

Pero si el liderazgo no es cuestión de experiencia ni de conocimientos, si el manejo de las relaciones humanas no tiene nada que ver con la técnica y la habilidad, entonces, presumiblemente, no es susceptible de mejorarse a través de la capacitación. ¿Qué es lo que lo mejoraría? La respuesta es: la educación.

Resultados diferentes

¿Cuál es la diferencia? ¿No es cierto que estos términos se utilizan indistintamente? Sí, pero existe una diferencia importante entre capaci-

149

tación y educación en las relaciones humanas. La distinción implica resultados muy diferentes.

La *capacitación*, como sabemos, conduce al perfeccionamiento de habilidades y técnicas. Cada nueva técnica reinventa, de manera implícita, el trabajo de un administrador al añadir una nueva capacidad, una nueva definición de la tarea y una nueva carga de responsabilidad. Es decir, cada nueva técnica aumenta el área de control de la que se siente responsable todo administrador. Por ejemplo, si enseñamos a un administrador las técnicas para manejar trabajadores afectados por el uso de las drogas, el administrador casi sin duda sentirá una nueva responsabilidad por el bienestar de estos empleados y, de este modo, esta capacitación agrega un elemento totalmente nuevo a la descripción del trabajo de un administrador. Pero, debido a que las técnicas no funcionan bien en las relaciones humanas, el administrador, a menudo, es incapaz de liberarse de manera adecuada de estas nuevas responsabilidades adquiridas. Es ahí donde surgen los problemas. Cuando una persona se siente responsable de manejar alguna situación que, en gran medida, es en verdad irremediable, se crea una peligrosa combinación de sentimientos: responsabilidad más impotencia conduce al abuso.

Vemos esa sobrecarga de responsabilidades en los papeles desempeñados no sólo en la administración, sino en la educación, medicina y paternidad. Y observamos el maltrato consecuente. Cuando los maestros no son capaces de lograr que sus alumnos aprendan, cuando los médicos no curan a sus pacientes, cuando los padres son incapaces de controlar a sus hijos, por lo general no se vuelven compasivos. Se convierten en seres abusivos. Lo mismo es cierto para los administradores. Cargados con las responsabilidades generadas por el conjunto creciente de técnicas en administración, los administradores que se sienten frustrados e impotentes, en la actualidad, recurren a la confrontación, discusión, insulto e incluso llegan a implementar medidas más exigentes y abusivas para tratar de controlar situaciones que nunca les fue posible controlar.

La *educación*, por otro lado, conduce no a la técnica sino a la información y al conocimiento, que en las manos correctas llevará a la comprensión e incluso a la sabiduría. Y la sabiduría conduce a la humildad, compasión y respeto, cualidades que son fundamentales para un liderazgo eficiente.

La capacitación vuelve a toda la gente igual, porque todos aprenden las mismas técnicas. La educación, debido a que implica el examen de la experiencia personal de cada uno a la luz de un encuentro con las grandes ideas, tiende a diferenciar a la gente. Así que el primer beneficio de la educación es que el administrador se vuelve único, independiente, el artículo genuino.

Con el tipo correcto de educación, los administradores adquieren una mejor comprensión de sí mismos, aprenden acerca de sus propios estilos interpersonales, sus reacciones ante los demás y el efecto que producen, sus prejuicios, fortalezas y debilidades. Un mejor entendimiento acerca de sí mismos y de sus sentimientos le dará a todos una confianza adicional en sus percepciones, reacciones, impulsos e instintos. Si algo puede decirse que sea cierto con respecto a los buenos líderes, es que confían en sus instintos.

EL ANFITRIÓN VISIONARIO

Con la educación viene aparejado un mejor entendimiento del contexto en el que aparecen nuestras decisiones, una perspectiva más amplia para considerar las cuestiones humanas y una idea más clara de lo que es importante. Esto debe conducir a la visión, otra cualidad del liderazgo que caracteriza a los altos ejecutivos.

La educación también ayuda a los líderes a apreciar la estética del liderazgo. Los administradores, entonces, se complacen no sólo con la efectividad de sus acciones, sino con la gracia y elegancia de sus esfuerzos. Llegan a ser como los buenos anfitriones en una fiesta, que se cercioran de que todo marcha bien y se encargan de los pequeños detalles que hacen que la experiencia sea buena, cuidadosos de lo que sucede en el submundo interpersonal, conscientes de la gente que se encuentra al margen de la fiesta y necesita que la incorporen, suavizando las relaciones difíciles y tomando como tarea que todo el mundo muestre lo mejor de sí mismo.

Finalmente, y es probable que esto sea lo más importante de todo, la educación les proporciona a los administradores nuevas formas de pensamiento, nuevas perspectivas. Les permite darse cuenta de la interconexión que existe entre los acontecimientos e ir más allá de las creencias populares. En resumen, los prepara para pensar de manera estratégica. Ese proceso siempre será más sencillo si aprecian el papel omnipresente de la paradoja y lo absurdo en las cuestiones humanas.

31

En la administración, para ser un profesional se necesita ser un aficionado

EL YA DESAPARECIDO DISEÑADOR George Nelson, que estudió con el gran arquitecto estadounidense Frank Lloyd Wright, me contó una anécdota que siempre recuerdo. Parece que George y su famoso mentor caminaban juntos, y Wright trataba de describir lo que él consideraba que era la arquitectura. En determinado momento, Wright hizo un ademán hacia una flor y dijo: "Sabes, George, la arquitectura es como esta flor..." Entonces se detuvo: "No, no es cierto." Caminó un poco más lejos, luego se volvió, miró a George, y le comentó: "La arquitectura es como estar enamorado."

George me contó la anécdota hace más de veinte años y cuando terminó, dijo: "Dick, espero que no te tardes tanto tiempo como yo para entender lo que quiso decir." Me temo que así fue, pero finalmente estoy empezando a captar su significado, no sólo en lo que se refiere a la arquitectura sino en todos los afanes que valen la pena. Permítame tratar de explicar lo que quiero decir.

LOS AFICIONADOS Y EL AMOR

La falta de profesionalismo es lo que hace a los administradores dar tanto de sí mismos a su trabajo; es lo que les produce tanto afecto por sus empleos, incluso cuando éstos son difíciles, de mucha tensión y frustrantes. Los mejores líderes transforman a sus empresas en lugares donde su pasión se convierte en la fuerza organizadora.

La palabra "amateur" proviene del vocablo latín *amator*, que significa "amante". Los "amateurs" hacen lo que hacen por amor. Es una palabra que no suele surgir en las conversaciones acerca del perfeccionamiento de la administración; sin embargo, el amor es fundamental para el buen liderazgo, debido a que este último tiene que ver con el humanitarismo.

En efecto, el sentimiento humanitario es la base de la comunidad y el primer deber de un líder es construir una comunidad, fomentar un profundo sentimiento de unidad, de camaradería. La comunidad es uno de los más poderosos y, sin embargo, más frágiles conceptos en la formación de las organizaciones. La comunidad es muy difícil de construir y fácil de destruir. Vemos a nuestro alrededor todos los días el constante desgaste de la comunidad. Tal vez se trate del problema más grave que enfrentamos, no sólo a nivel local, sino nacional e incluso global.

Uno de los grandes dilemas es que el desgaste de la comunidad casi siempre ocurre en nombre del progreso. Nos damos cuenta de esto tal vez con mayor claridad con el crecimiento de grandes e impersonales centros comerciales y similares, pero también lo vemos en la proliferación de grupos empresariales gigantescos. Un aspecto del desenvolvimiento humano que los sociólogos nunca han podido resolver es el problema de la escala. Una vez que la organización humana llega a constituirse a gran escala, es difícil que funcione de manera tan eficiente como cuando era más pequeña.

Ésa es la razón del movimiento actual para promover más organizaciones emprendedoras. Existen algunas personas que creen que el futuro de las empresas está en una reversión a las pequeñas unidades debido a que, por un lado, sólo en unidades más pequeñas se encuentran los lazos que unen a la gente de manera más afectiva que simplemente funcional, y el afecto es la base de la comunidad. Por ejemplo, sólo las prisiones que albergan a menos de veinte reclusos cuentan con probabilidades de rehabilitarlos.

ARTES MAYORES, GRANDES MOMENTOS

Quizá necesitamos una forma de definir al liderazgo que vaya más allá de nuestros valores tradicionales utilitarios y pertenezca al reino de la estética. Es necesario que sepamos apreciar la buena administración por su elegancia y belleza.

La administración y el liderazgo son artes mayores. Cuando funcionan bien, se comparan favorablemente con los más grandes momentos estéticos de nuestras vidas, con sinfonías y atardeceres. Estos grandes momentos del liderazgo brillan sin igual durante un instante, son profundamente satisfactorios, sensuales y significan sentimientos puros. Tal vez no duren, pero son tan enriquecedores como otras experiencias estéticas.

De modo que el buen líder debe ser al mismo tiempo un profesional y un aficionado. El profesional se adapta a los estándares técnicos y éticos que requieren un alto nivel de competencia basado en un conocimiento sólido y minuciosidad. Pero el aficionado desempeña su trabajo por amor, por el placer sensual implícito en el acto de la realización, en la creación de comunidad, en los lazos de compasión que unen.

Permítame adaptar para nuestros propósitos en este libro la afirmación de Frank Lloyd Wright de que la arquitectura es como estar enamorado. Yo les diría que el liderazgo es como estar enamorado. Estoy seguro de que no se tardarán tanto tiempo como yo en comprenderlo.

PARTE OCHO

Eludir el futuro

32

Las causas perdidas son las únicas por las que vale la pena luchar

EN UNA PELÍCULA muy famosa de Frank Capra de los años 30, *El señor Smith va a Washington*, James Stewart actúa el papel de un joven recientemente electo al Senado de Estados Unidos. Antes de salir para Washington, su padre lo alienta y le da este consejo paradójico: "Las causas perdidas son las únicas por las que vale la pena luchar." Esa frase absurda se quedó grabada en mi mente todos estos años y creo que sólo ahora empiezo a comprender su significado.

Las causas perdidas son las únicas por las que vale la pena luchar debido a que tienden a ser las más importantes, las más humanas. Requieren que nos comportemos a la altura de lo mejor que hay en nosotros, que nos perfeccionemos a nosotros mismos y a nuestro mundo. Las causas perdidas no pueden ganarse, pero sólo por el hecho de que resultan tan cruciales para nosotros, debemos, no obstante, intentarlo.

En varias ocasiones, asesorando a empresas, le pregunté a diferentes grupos si eran capaces de identificar "causas perdidas" en su trabajo, metas que estuvieran relativamente seguros de que no sería posible alcanzar.

Una y otra vez me sorprendió la facilidad para provocar una respuesta y lo disfrutable que resultaba el proceso. En lugar de verse deprimidos o descorazonados al recordar problemas inextricables, o socios obstinados u objetivos fuera de su alcance que los habían frustrado, los miembros del grupo parecieron sentirse aliviados, incluso se llenaron de júbilo. Frecuentemente rompían a reír cuando, juntos, reconocían por primera vez el absurdo de los esfuerzos que habían absorbido tanto de su tiempo.

Sin embargo, una sorpresa todavía más grande para mí, fue que identificar estas "causas perdidas" no necesariamente conducía a que las abandonaran. Por el contrario, los integrantes del grupo simplemente compartían la valoración realista de que sus expectativas no se cumplirían y luego de todos modos se ponían a trabajar en ellas. Hacían esto, por supuesto, debido a que, a pesar de que parecía imposible, eran las tareas que más significaban para ellos.

En mi propio trabajo como asesor, con creciente frecuencia me guía el consejo (cuando recuerdo dármelo a mí mismo) de que debo darme por vencido aun antes de empezar. Siempre que tengo la arrogancia o la audacia de creer que soy capaz de reformar a la gente, no llego a ninguna parte. Pero cuando reconozco que no es posible lograr esas reformas logro avanzar si adopto una postura más humilde y, paradójicamente, tal vez entonces surja la probabilidad de que la situación cambie. La lección absurda es reconocer que se trata de una causa perdida y aun así trabajar en ella.

El valle de lo absurdo

En cierta ocasión un científico de mucha experiencia que trabajaba en un laboratorio de investigaciones agrícolas de una universidad famosa me describió cómo había llegado a entender lo absurdo. Su organización vendía ideas a la industria y el gobierno, y el trabajo de él consistía en comprobar si esas ideas funcionaban. No es sorprendente que, a menudo, muchas de esas ideas le parecieran absurdas: cultivar plantas en agua de mar, cubrir de áreas verdes los desiertos, y otras por el estilo. Sin embargo, en lugar de darse por vencido, continuaba con su trabajo como si cada uno de esos proyectos fuera factible. Manejaba el sentimiento de que determinada idea era absurda y, aun así, seguía con ella.

En sus propias palabras, es si se descendiera a un valle muy profundo (el Valle de lo Absurdo, lo llamaba), hasta llegar a la tranquila seguridad del fondo del valle. Ahí, era capaz de desempeñarse con eficiencia. Cuando es tiempo de irse, vuelve a trepar para regresar a su vida normal, listo para trabajar en lo que antes consideraba absurdo.

En esta metáfora me parece que él captura la esencia de sobrellevar lo absurdo. Para dramatizar un poco, diría que: (1) permitió que la magnitud de la situación lo empapara de toda su irracionalidad, (2) abrazó el absurdo, aun cuando no lo comprendía por completo, (3) cayó postrado ante su complejidad abrumadora, dándose por vencido antes de empezar, y (4) entonces, recurriendo a una profunda reserva de voluntad, disciplina, experiencia, creatividad e incluso de las ganas de jugar que existe en su interior, se levantó y empezó de todos modos, aún respetando, en un rincón de su mente, el absurdo fundamental que había visualizado inicialmente.

Dejar huellas de rastrillo

Si lo absurdo es ubicuo, si los objetivos más importantes son causas perdidas, ¿por qué seguimos llevando a cabo este juego absurdo? Lo jugamos porque es el único que existe. Desde luego, es absurdo. Por supuesto que es sólo un juego. Pero vale la pena jugarlo y es digno de jugarse bien.

Una vez asesoré a una gran dependencia de gobierno administradora de parques. Los empleados que tenían a su cargo la limpieza de los campamentos se quejaban de que no sólo tenían que levantar lo que habían dejado tirado debajo de las mesas de día de campo, algo que estaban muy dispuestos a hacer, sino que se les pedía también que rastrillaran debajo de las mesas.

No estaba muy seguro de haber entendido lo que querían decir, así que pregunté:

—¿Se refieren a que después de que han recogido toda la basura de la zona, sus supervisores quieren que dejen huellas de rastrillo debajo de las mesas?

—Sí, precisamente. ¡Quieren que dejemos huellas de rastrillo!

Estaba a punto de coincidir con ellos en que tal vez se trataba de una petición absurda, cuando me detuve y pensé: "Estoy seguro de que la gente que realiza mejor que nadie esa labor deja marcas de rastrillo." Y bien, ¿qué sería menos importante que dejar marcas de rastrillo? Y, al revés, ¿qué sería más importante que dejar huellas de rastrillo?

Dejar huellas de rastrillo se ha vuelto desde entonces una metáfora significativa para mí. Tiene que ver con ir más allá de lo necesario hacia lo deseable, más allá de lo requerido hacia lo que es elegante, más allá de lo puramente funcional hacia lo estético. Tal vez la administración sea una causa perdida, imposible, absurda, pero sé que tengo muchos deseos de jugar el partido con los mejores. Me interesa mucho hacerlo bien, aun cuando sé que, en los aspectos más importantes, no hay manera de estar seguros acerca de qué es lo "correcto".

Entonces quizá sea un tema clave para todos los líderes y administradores que luchan por las causas perdidas y, al mismo tiempo, continúan realizando bien las tareas "sin importancia", dejar huellas de rastrillo, por decirlo así. En efecto, tal vez todos aprendamos algo de los encargados de la limpieza. Ya que si bien es cierto que no se produce ningún efecto directo en los paseantes al dejar las huellas de rastrillo, indirectamente, llevar a cabo la tarea con eficiencia ayuda a los propios trabajadores a ser personas mejores y más felices. Quizá, incluso, se estén ayudando a sí mismos.

33

Mi consejo es que no escuchen mi consejo

LOS CONSEJOS SON BARATOS, según afirma el viejo adagio. Significa que no sólo vale poco el consejo, sino que también no cuesta nada darlo. Es la respuesta más sencilla y rápida que ofrecer cuando se confronta un problema. Aborda una situación sin manejarla en realidad. Es más fácil que el entendimiento, que escuchar y analizar. Sabemos esto de manera intuitiva: la mayoría de nosotros nos damos buenos consejos todos los días, pero rara vez actuamos en consecuencia. Como el granjero viejo que le dijo al joven representante gubernamental de agricultura: "Hijo, ya sé cómo ser mucho mejor granjero de lo que soy".

Al explorar las paradojas del liderazgo, tengo la intención deliberada de no ofrecer ningún consejo, sino profundizar en la comprensión de los problemas que los administradores enfrentan todos los días. En realidad, me sentiría desilusionado si los preceptos presentados en estas páginas se percibieran como consejos. No funcionan de ese modo.

UNA INVITACIÓN A REFLEXIONAR

Primero que nada, estos preceptos, tomados de manera literal, nos llevarían a comportarnos en forma que sería más bien lo opuesto de lo que nos han enseñado toda nuestra vida, de lo que se espera que haga-

mos y que en realidad no podemos dejar de hacer, aun cuando trate-
mos de evitarlo. Cuando digo: "Halagar a la gente no la motiva", quizá
alguien infiera que el consejo es: "No halague nunca." Eso, por supuesto, no es lo que quiero decir. Además, sería imposible de seguir. Inтén-
telo. Es probable que no resista el impulso de halagar incluso por una
hora. Aun cuando sería deseable evitar halagar a los demás, es un comportamiento demasiado arraigado en nosotros para modificarlo.

En segundo lugar, debido a que mis preceptos paradójicos también son ciertos en su opuesto, es difícil saber cuándo actuar de conformidad con uno u otro. Cuando digo que deberíamos comunicarnos
menos o que la tecnología siempre genera opuestos, no quiero decir
que no debemos utilizar la tecnología o comunicarnos. Hay que considerar ambos lados de estos preceptos simultáneamente para llegar a
una comprensión más plena de las consecuencias de nuestras acciones
potenciales. Cuando afirmo que deberíamos estar alertas ante lo invisible, o que una vez que encuentre una técnica de administración que
funcione, la abandone, o que lo mejor para la gente es experimentar
una catástrofe, estoy proponiendo una situación imposible para retar
su manera de pensar.

En algunos casos, mis preceptos parecen egoístas o tal vez, incluso,
inmorales. Mantenga el espíritu en alto. Lleve a cabo acciones que lo
hagan parecerse a los demás, en lugar de hacerlas a su modo. ¿Se trata
de un consejo? Considero que más bien es una invitación a analizar
con más profundidad sus propias motivaciones y la complejidad de sus
relaciones con los demás.

Pero la razón básica por la que es imposible traducir mis preceptos
en un simple consejo es que cambiar nuestro enfoque hacia el liderazgo
y la vida organizacional no es muy sencillo. Enfrentados con el absurdo, los administradores o cambian porque llegan a comprender en
profundidad esta nueva manera de pensar, o no lo hacen. Determinados logros no se alcanzan mediante el cumplimiento de formalidades,
y desarrollar una apreciación genuina de la naturaleza paradójica de las
cuestiones humanas es uno de ellos. Debe reflexionar acerca de esto.
Sólo entonces se convertirá en una aportación valiosa a su propio estilo
de liderazgo.

En apoyo del pensamiento

Muchos libros sobre administración cierran con sugerencias acerca de lo que el administrador debe realizar de manera diferente, por lo general presentadas como fórmulas o listas de medidas a tomar. Después de todo, somos una sociedad orientada a la acción, en particular los administradores. Pero no existen prescripciones de acción en esta obra. Como ya se habrá dado cuenta, considero cualquier exigencia de acción como parte del problema, no de la solución.

Lo que necesitamos al confrontar un problema o predicamento no es una acción rápida basada en la primera impresión, sino más bien una consideración cuidadosa de todos los aspectos, sin importar cuán paradójicos o absurdos parezcan. Dicho proceso nos conducirá a una nueva perspectiva sobre la naturaleza del liderazgo genuino. "Hacer" debe ser la continuación de pensar, aun cuando ese pensamiento tal vez resulte incómodo debido a que entraña tantas paradojas y dilemas. Quizá se parezca más a "rumiar" que a pensar.

Por lo tanto, deliberadamente concluyo aquí, no con un consejo, sino volviendo a las paradojas sin resolver que verdaderamente caracterizan a la condición humana.

Despertar a Ludwig

En música, existe una secuencia de acordes muy común conocida como la *secuencia dos-cinco-uno,* que se refiere a la segunda, quinta y primera notas en una escala. Cuando se tocan estos acordes secuencialmente en un piano, la persona que escucha experimenta un sentimiento de cierre confortable cuando el acorde tercero y final se toca. Sin embargo, si sólo se tocan los primeros dos, el oyente se tensa debido a que la secuencia no está terminada.

La leyenda cuenta que la señora Von Beethoven, madre de Ludwig, solía despertarlo cuando era pequeño tocando *dos-cinco,* sin tocar después el acorde final. Aunque él se encontraba dormido, se daba cuenta de que faltaba ese acorde final y se inquietaba tanto que tenía que levantarse a completar la secuencia.

Al llegar al final de mi libro en este punto, tal vez se sienta un poco como el pequeño Ludwig. Quizá eso sea apropiado porque es su turno de tocar las siguientes notas.

Reconocimientos

EL PROCESO DE ELABORACIÓN de este libro se ha desarrollado dentro de mi mente a lo largo de varios años y muchas personas me ayudaron en el camino. Estoy agradecido con todas ellas, aunque aquí sólo expresaré mi gratitud a unas cuantas.

En la introducción mencioné mi gran deuda con Carl Rogers y Alex Bavelas. No me imagino haber escrito este libro si no los hubiera conocido. Otros colegas muy valiosos, pasados y presentes, contribuyeron a mi pensamiento acerca de la naturaleza paradójica de los acontecimientos humanos. Recuerdo en particular a Abraham Kaplan, Gregory Bateson, Rollo May, Paul Lloyd, Michael Kahn, Mary Douglas, Don Jackson, Jonas Salk, Jivan Tabibian, Charles Hampden-Turner y Abraham Maslow.

También me gustaría expresar agradecimiento a las varias docenas de líderes de diferentes países que participaron en una teleconferencia por computadora que conduje sobre esta materia en el Foro Internacional de Liderazgo del Western Behavioral Sciences Institute. Sus respuestas estimulantes y reflexivas me ayudaron a preparar mis propias ideas para esta obra.

Otras personas merecen mi especial agradecimiento: Lynne Robinson, mi socia de mucho tiempo, por su ayuda, apoyo y sabio asesoramiento a lo largo de la preparación del libro; Andrea Lawrence-Stuart, quien trabajó sin descanso para mecanografiar y ayudarme a organizar el primer borrador y cuyo consejo valoro grandemente; Hallock Hoffman, Ralph Keyes, Mary Boone y Ralph Mendoza, quienes ayudaron de diferentes formas para hacer del libro una realidad. Y, desde luego, quiero agradecer a mi familia, cuyo interés y cooperación fueron una fuente constante de aliento.

Me siento sumamente afortunado y agradecido de haber contado con el beneficio de la experiencia y extraordinario talento de Margret McBride como mi agente literaria, Frederic Hills y Burton Beals como mis editores en Simon & Schuster. Trabajar con ellos ha sido muy educativo y representó un genuino placer.

Por último, deseo expresar mi profunda gratitud a Noel Greenwood, que trabajó muchas largas jornadas conmigo, aquí en California, para editar y dar forma al aparentemente infinito número de borradores de este libro. Me he vuelto tan dependiente de su habilidad editorial, juicios sólidos e inquebrantable espíritu que, desde luego, no querría emprender la preparación de otra obra sin él.

Las disertaciones de mis ex alumnas Marcine Johnson y Edith Eger se escribieron para el Saybrook Institute en San Francisco. Algunos de los materiales en el libro se adaptaron de artículos míos que aparecieron en el *Saturday Review* y el *Journal of Humanistic Psychology*. El capítulo "Halagar a la gente no la motiva" se basa en un artículo que escribí para la *Harvard Business Review*.

Lo que la gente opina acerca del libro Administración de lo absurdo, de Richard Farson

"A través de los años, hay algo muy claro acerca de Richard Farson: sus ideas, que al principio parecen contradictorias y exageradas, tienen la capacidad de abrirse paso hacia la corriente principal. Sería deseable que la comunidad de negocios haga caso de su mensaje en *Administración de lo absurdo.*"

Richard Pollack
Editor general, The Nation

"El nuevo libro de Richard Farson constituye una aproximación con sentido común a la administración, basada en sólidos principios e información psicológica. Todos los administradores, en realidad todos los que se interesan en el comportamiento humano, deberían leer este libro."

Richard C. Atkinson
Presidente, Universidad de California
Exdirector, National Science Foundation

"Me encanta este libro, es verdaderamente original. Al abordar lo absurdo, Farson presenta nuevas ideas acerca de la administración y la vida. De ahora en adelante, los cursos de capacitación administrativa que omitan *Administración de lo absurdo* se considerarán incompletos."

George Leonard
Autor de *Mastery* y *Education and Ecstasy*

"Este libro presenta las ideas de toda la vida del doctor Farson acerca del liderazgo y las organizaciones humanas. Es una de las más lúcidas y serias exposiciones sobre los aspectos de la administración que he leído en mucho tiempo."

Warren Bennis
Distinguido profesor de Administración de empresas, USC
Autor de *On Becoming a Leader* y *An Invented Life*

"En la actualidad, todo ejecutivo exitoso debe enfrentarse al desafío de manejar situaciones paradójicas. Y sólo podrá sobrevivir a la presión mental e intelectual de nuestros tiempos modernos si entiende que la paradoja no es algo absurdo, sino natural. Richard Farson nos proporciona la perspicacia suficiente para hacerlo."

Klaus Schwab
Presidente, World Economic Forum

"¡Ideas poco convencionales de un pensador extraordinario! Ésta es la clase de libro que lo hará correr a comprar ejemplares para todos los amigos."

Rachel McCulloch
Profesora de economía de Rosen Family
Brandeis University

"El pensamiento poco convencional de Richard Farson no deja de sorprender y ha vuelto a hacerlo con *Administración de lo absurdo*. Me imagino que a los ejecutivos japoneses quizá les desconcierte leer este libro y tal vez se rasquen la cabeza un tiempo; pero, a la larga, estas ideas perspicaces, valiosas y refrescantes, los gratificarán enormemente."

Masami Shigeta
Presidente, AMSECO International, Inc.

"Los administradores confían en que ciertos documentos les darán la seguridad para enfrentar lo irracional y alcanzar el éxito. A esa lista se agrega ahora Administración de lo absurdo. Este libro está lleno de ideas que obligarán a reflexionar a los administradores 'en formación'. La simple lectura de los títulos de los capítulos vale el precio del ejemplar."

Bill Lacy
Presidente, Purchase College, SUNY

"*Administración de lo absurdo* aporta más ideas acerca de la administración que cualquier otro libro que haya leído. Está destinado a convertirse en un clásico."

Michael Murphy
Fundador y presidente del consejo de administración, Esalen Institute

"Richard Farson ha escrito un marco inteligente y maravilloso para soluciones sencillas de problemas complejos."

Sandy Mactaggert
Presidente del consejo de administración, Maclab Enterprises;
exdecano, Universidad de Alberta, Canadá

"Richard Farson articula las paradojas del liderazgo y la administración con perspicacia, gracia y honestidad extraordinarias. Estas ideas no sólo modificarán la perspectiva del lector sobre las organizaciones, sino que también le permitirán comprender con mayor profundidad las relaciones humanas. Se trata de una obra muy importante."

Mary E. Boone
Autora de *Leadership and the Computer*

"En este libro, el doctor Farson nos lleva a un safari a través de la jungla de las panaceas aceptadas de la administración y las sabanas de los lugares comunes organizacionales. Desafía los conceptos largamente aceptados como si se tratara de bestias míticas y, en ocasiones, peligrosas. Hace que nos concentremos en los verdaderos dilemas, predicamentos y paradojas de ese rompecabezas que nos frustra a todos tanto en la vida personal como en la profesional, mientras intentamos cumplir con los papeles de liderazgo creativo."

Douglas Strain
Presidente fundador del consejo de administración,
Electro Scientific Industries

"Los absurdos de las ideas administrativas convencionales se destacan en este libro inteligente, reconfortante y alentador."

Mary Douglas
Ex profesora de antropología social
Universidad de Londres
Autora de *How Institutions Think*

"Los buenos diseñadores siempre se inclinan por lo absurdo. Por fin alguien les pide a los administradores hacer lo mismo. No importa si las deliciosas paradojas de Richard Farson funcionan siempre. Como los enigmas del Talmud, lo hacen dar vueltas y vueltas y uno adquiere sabiduría con el viaje."

Julian Beinart
Profesor de arquitectura, MIT

INSTRUCCIONES PARA INSTALACIÓN DE SU DISCO

REQUIERE:COMPUTADORA IBM/PC O COMPATIBLE
WINDOWS 3.1 O SUPERIOR
DISCO DURO CON 2MB LIBRES

PASOS A SEGUIR:

- IR AL ADMINISTRADOR DE ARCHIVOS Y/O EJECUTAR
- INTRODUCIR EL DISCO EN LA UNIDAD 3½
- TECLEAR A: SETUP